Jacob Grimm

Briefe von Jakob Grimm an Hendrik Willem Tydeman

mit einem Anhange und Anmerkungen

Jacob Grimm

Briefe von Jakob Grimm an Hendrik Willem Tydeman
mit einem Anhange und Anmerkungen

ISBN/EAN: 9783744683593

Hergestellt in Europa, USA, Kanada, Australien, Japan

Cover: Foto ©ninafisch / pixelio.de

Weitere Bücher finden Sie auf **www.hansebooks.com**

BRIEFE

VON

JAKOB GRIMM

AN

HENDRIK WILLEM TYDEMAN.

—

MIT EINEM ANHANGE UND ANMERKUNGEN

HERAUSGEGEBEN

VON

DR. ALEXANDER REIFFERSCHEID,

ORDENTL. PROFESSOR DER DEUTSCHEN PHILOLOGIE ZU GREIFSWALD.

HEILBRONN.

VERLAG VON GEBR. HENNINGER.

1883.

DER MAATSCHAPPIJ

DER NEDERLANDSCHE LETTERKUNDE

TE LEIDEN

IN DANKBARER VEREHRUNG.

Vorrede.

Als Beitrag zur Geschichte der deutschen Studien im ersten Drittel unseres Jahrhunderts erscheinen hier die Briefe Jakob Grimms an Hendrik Willem Tydeman, Professor der Rechte und der Staatswissenschaften, der während eines langen Lebens neben ausgedehnten Fachstudien ein reges Interesse für Geschichte, Sprache und Literatur seines Vaterlandes bethätigte. Ihnen folgen im Anhange, ausser zwei Briefen Jakob Grimms an den Dichter und Sprachforscher Willem Bilderdijk, Briefe von Wilhelm Grimm, Hoffmann von Fallersleben, Ch. de Villers an H. W. Tydeman; sie alle zeigen, wie gerne dieser holländische Gelehrte alle wissenschaftlichen Bestrebungen unterstützte.

Diese Briefe kamen zu meiner Kenntnis, als ich im Jahre 1880 die handschriftlichen Briefsammlungen der Leidener Universitätsbibliothek für meine 'Quellen zur Geschichte des geistigen Lebens in Deutschland während des 17. Jahrhunderts' durcharbeitete; bei näherer Prüfung erwiesen sie sich der Veröffentlichung wert. Die Maatschappij der nederlandsche Letterkunde, die Besitzerin derselben, gestattete mit der grössten Zuvorkommenheit die ungehinderte Benutzung, ja sie schickte später auf meinen Wunsch was ich von Briefen an Tydeman benutzen wollte. Für diese ausserordentliche Liberalität sage ich der Maatschappij, besonders den Herren Professor Dr. M. de Vries, Dr. du Rieu und Dr. Frantzen den herzlichsten Dank.

Den Briefen habe ich ausführliche Anmerkungen beigegeben, welche sich mit Vorliebe auf die bisher veröffentlichten Grimmbriefe beziehen, sie sollen vor allem einen Einblick gewähren in das Leben und Streben der Brüder Grimm und ihrer Freunde.

Greifswald, im August 1882.

Al. Reifferscheid.

BRIEFE.

I.

Ihr so verbindliches, gütiges Schreiben, hochgeehrtester Herr Professor, hat mir bei meiner vorgestrigen Rückkunft aus Dresden, wohin ich eine literarische Reise gemacht hatte, eine grosse Freude gemacht, so dass ich so frei bin, sogleich zu antworten und die Verspätung meines Briefes blos aus jener Ursache zu erklären bitte. Nach so viel vergeblichen Versuchen bin ich nun endlich an einen Gelehrten gekommen, den ich seither blos aus schätzbaren Arbeiten ganz anderer Art kannte, als denen welche mein Studium der Poesie und Geschichte des Mittelalters berühren konnten; nun aber nehme ich mit Vergnügen wahr, dass ihm das Verstehen der Alten nicht die Lust verdorben habe an dem Nationalen, das in seiner Unscheinbarkeit unserm Herz, ja unserm Verständnis fast noch näher liegt; hätten nur einige der grossen Männer Deutschlands und Hollands im 16. und 17. Jahrhundert dafür Sinn gehabt, so würden wir nicht den Untergang so manches unwiederbringlichen Monuments bedauern müssen und noch zu reicheren, erfreuenderen Resultaten kommen können. Wie die altholländische Sprache, so ist auch Ihre ganze altvaterländische Literatur und Poesie mit der deutschen engverbunden und zusammenhängend; so wie sich später der französische Einfluss auf die Sprache hervorthut, so hat er auch auf die Poesie und Geschichte, wie es scheint nachtheilig, gewirkt; was wir also jetzo mit Fug trennen und vereinzeln, dürfen wir beiderseits nicht thun, sobald wir über das 15. Jahrhundert hinaufgehen, die altholländischen Lieder und Gesänge sind aus begreiflichen Ursachen in Holland, das klein und eben ist, eher verschollen, als in Deutschland, wo manches widerhielt, und noch weit fester haben wiederum Spuren

des alten Lebens in Dänemark, Schweden und dem kleinen Island
gehaftet, aus denen wir manchmal schliessen müssen, was wir
hatten und was vielleicht von uns ausgegangen war. Ich kann
hierzu genug Beweise geben. Doch ist unter uns noch mancher
köstliche Schatz gerettet worden, Lieder wie die Nibelungen, der
alte Titurel etc. gehören zu dem höchsten, was die Poesie jemals
hervorgebracht; doch es bedarf bei Ihnen, verehrter Herr, dieser
Anführungen nicht, da Sie Görres geist- und inhaltreiches Buch
selbst kennen und würdigen, ich bin also des unangenehmen Ge-
schäfts gleich überhoben, mein Interesse an den holländischen
Volksbüchern erst gewissermassen in einer Einleitung zu entschuldigen, damit es nicht als unwürdig oder sonderbar erscheine.

Van Wijns Avondstonden sind mir bekannt, ein Brief den
ich gleich nach Lesung derselben, vor länger als einem Jahre an
ihn erliess, gehört mit zu meinen vorerwähnten verunglückten
Versuchen, denn er ist ohne alle Antwort geblieben. Sein Buch
würde viel befriedigender seyn, wenn der Raum, der auf die mir
unangenehme dialogische Einkleidung verwendet worden ist, zu
manchen specielleren Untersuchungen gewonnen worden wäre;
doch auch das wenige empfängt man dankbar, weil man vorher
gar nichts hatte. Dagegen ist mir sein huiszittend Leven noch
nicht vorgekommen, und ich möchte es wohl haben, wenn es
mehr literarische Nachrichten und Auszüge enthält und nicht
blos eigene Compositionen über den Zustand und die Sitten von
Altholland. Vor allem wünschte ich zu erfahren, ob und wo
noch Sammlungen altholländischer Mss. existiren, namentlich die
von Wijn mehrmals citirte eines Mr. J. Visser, und ob man
davon keine kurze Notiz bekommen könnte? Eure Wohlgeboren
würden mir durch gelegentliche Erfüllung dieser Bitte einen grossen
Dienst leisten. Leichter ist wohl meine zweite nicht minder an-
gelegentliche Bitte zu befriedigen, der Ankauf aller holländischen
Volksbücher, die sich finden (die Liederbücher abgerechnet, als
welche ich schon besitze), je älter der Druck, desto besser, doch
so, dass ich lieber einen spätern Druck wohlfeil, als einen frühen
zu theuer kaufen möchte, am meisten liegt mir freilich an den drei
folgenden: 1) Margareta von Limburg; 2) Ritter mit dem
Schwan; 3) Zauberer Virgilius. Die erkauften Sachen könnten
mir durch die erste beste dortige Buchhandlung, die mit einer
göttinger in Verbindung steht, zugesandt werden, oder in Er-
mangelung mit Post, in beiden Fällen werde ich alle Auslagen

sogleich dankbarst erstatten. Auch wünschte ich Huydecopers Ausgabe von Stoke, die ich blos eingesehen habe, eigen zu besitzen, wenn Ew. W. die Güte haben wollen dieses vermuthlich dort nicht seltene Werk dem dereinstigen Paket beizufügen. Vorerst halte ich hier mit meinen Bitten ein, in Zukunft, wenn Sie mir ferner die Ehre Ihrer Correspondenz gönnen wollen, werden sich genauere Anliegen an genauere Mittheilungen von selbst fügen, ich rechne aber darauf, dass Ew. W. mich auch mit Aufträgen, die ich hier ausrichten kann, ja nicht verschonen, ich werde alles mit grösstem Vergnügen besorgen.

Mit den gewünschten Nachrichten von dem Unglücksfall, der vor einigen Monaten den guten Villers betroffen hat, werde ich nun zu spät kommen, gewiss hat ganz Deutschland daran Antheil genommen, und wie sehr Göttingen, brauche ich nicht zu sagen. Arretirt ist er nie gewesen, vielmehr bald darauf nach Paris gereist, um sich persönlich dort seine Rechtfertigung zu verschaffen, und wie es heisst, kommt er bald zurück und ist mit dem Erfolg seiner Reise zufrieden. Auch Zimmermann, so viel ich weiss, ist längst wieder frei. Es gibt nur eine Art, über das Ereignis zu denken, und diese brauche ich nicht weiter erst auszudrücken. Mehreres auch davon verspare ich auf ein andermal, entziehen Sie mir, hochgeehrtester Herr, die einmal bewilligte literarische Unterstützung nicht, ich habe die Ehre mit wahrer Hochachtung zu seyn

Ihr

gehorsamster Diener

Grimm

Bibliothekar und Staatsraths-Auditor.

Wie geht es jezt dem gelehrten und fleissigen Wiarda und hat er wohl nicht manches über altd. und altholländ. Literatur gesammelt und im Besitz?

Sehr lieb wäre es mir das Stück des Journals gelegentlich zu erhalten, worin Sie Ihre Landsleute mit dem Buch von Görres bekannt gemacht haben.

———

II.

Cassel 29. August 1811.

Verehrter Herr.

Die richtige Ankunft eines Paquets mit Volksbüchern und
noch mehr der einige Tage darauf eingehende an interessanten und
gelehrten Nachrichten so reichhaltige Brief vom 12ten d. haben
mir einen offenbaren Beweis gegeben, wie förderlich mir Ihre
gütige, freundschaftliche Unterstützung meines Studiums der altdeutschen Poesie gewesen ist, und was sie mir noch alles verspricht. Wonach ich mit Mühe, aber vergeblich, seit mehreren
Jahren strebte, das habe ich nun auf einmal erhalten, und noch
viel mehr, als ich zu bitten wagte. Empfangen Sie für alles
dieses meinen wärmsten Dank und erlauben Sie, dass ich auf Ihr
mich vielfach belehrendes Schreiben in all der Umständlichkeit
antworte, die mir am Herzen liegt, wenn auch eben über dem
Bestreben, nichts auszulassen, eine Art von Unordnung sichtbar
werden muss.

Unter den Volksbüchern hatte ich freilich nur die angegeben,
welche man nur in holländisch hat (wie Margareta v. L. und
klein Kobisje) oder wovon die französischen Orginale ihrer Seltenheit halben mir noch nicht zugekommen waren, wie vom Schwanritter, und von Virgilius, mein Beiwort 'und Salomon' gründete
sich auf einen vermutheten Zusammenhang mit den Traditionen
von Salomo und namentlich der clavicula Salomonis; wie ich
nun sehe, ist er nicht äusserlich, nur innerlich vorhanden, gleich
die Begebenheit mit dem erlösten und listig wieder verschlossenen
Teufel schreiben die Rabbiner von Salomon und Aschmedai, wo
ich nicht irre, und noch bekannter ist die Erzählung in der 1001. N.
In dem Ruf der Zauberei stand der mantuanische Dichter im
ganzen Mittelalter und Bayle hat in einem langen Artikel darüber,
wie mir däucht, nicht das gesagt, was zu sagen gewesen wäre. —
Sie können indessen leicht denken, wie willkommen mir auch die
übrigen Volksbücher sind, welche ich entw. schon deutsch oder
französ. besitze, denn die Vergleichungen führen immer zu etwas.
Die holländ. Heemskinder, obschon aus den deutschen ausgegangen,
haben sich viel reiner erhalten, als unser Volksbuch, dieses ist
meiner Meinung nach eines der schönsten und ältesten, Görres

wird bald das altdeutsche Gedicht aus wenigstens dem XIII. Jahrh
drucken lassen und dass aus diesem direct das Prosabuch geflossen ist, wird sich ganz deutlich ergeben. Der französ Roman
des 4. fils Aymon ist bedeutend abweichend, was mich aber
neulich am meisten überraschte, war eine wiederum von beiden
variirende, wie es scheint, gar alte Recension der Geschichte der
Amundasyne in einer isländischen Sage zu entdecken. Viele
Motive sind da sehr einfach hervorgehoben, überhaupt hat Görres
von diesem Buch ziemlich unrichtig geurtheilt. — Ferner sind die
in einigen holländ. Büchern, wie der Margareta v. L. (wovon im
14. Jahrh. bereits ein altdeutsches, jezt verlorenes Reimgedicht
existirt hat), dem Ridder met d. Zwaan und Floris und Bl.
beigemischten Lieder äusserst merkwürdig, in welche Zeit
möchten Sie deren Abfassung setzen? vermuthlich gehören sie ins
16. höchstens 15. Jh. und gewiss sind sie von den sogenannten
Rhetorikern gedichtet worden, wie schon ihre kammergerechte
Form anzeigt, sie bestehen aus 3 Strophen und einem Envoi, der
hier einigemal den sonderbaren Namen Prince führt, dies kommt
daher, weil im Anfang desselben das erste Wort jedesmal der
Anrede wegen, Prinze oder Prinzelic war, doch band man sich
nicht streng daran.

Ich war erstaunt, unter den andern auf einmal ein plattdeutsches Buch zu erblicken (das von Slenner Hinke), welches
jezt wenigstens in Deutschland selbst verschwunden zu seyn scheint,
und es ist namentlich Kinderling entgangen. Blos in Kochs Compendium 1. 269 finde ich eine Anzeige des einen der 3 Stücke;
wenn er es aber dem Laurenberg beilegen will, so irrt er wohl.
Vermuthlich ist es auch etwas später. Sollte man in Holland etwas
vom Autor wissen? Auf allen Fall war es mir äusserst willkommen, die Mundart ist freilich eine von den plattdeutschen, die
dem immer voller werdenden holländischen schon annähern, etwa
wie sie sich in einem Theil des Münsterschen und Osnabrückischen
finden mag.

Es that mir sehr leid, als ich las, dass Sie einige der Ihnen
selbst noch unbekannten Bücher erst gerne angesehen hätten,
bevor Sie mir solche sendeten, und dass Sie erst zu spät an Ihr
eigenes Interesse dachten. Doch tröste ich mich damit, dass Sie
auch eine eigene Sammlung anlegen wollen, sollte Ihnen aber
eines der mir verschafften Stücke wider Verhoffen nicht mehr
zu finden seyn, so versteht es sich, dass ich Ihnen das zu früh

empfangene Exemplar zurückschicke. Sollten Sie Lust haben,
sich auch die deutschen Volksbücher anzuschaffen, so besorge
ich gern, soviel ich kann, nur leider sind viele schon ausgestorben
und kaum noch zu haben, auch werden sie meist noch schlechter
und nachlässiger gedruckt, als die holländischen und einige wenigstens sind arg beschnitten und modernisirt. Ganz hat man
auch die holländischen nicht verschont, Herr Köne mag sagen,
was er will; man braucht nur einen alten Druck von den 7.
weisen Meistern aus dem 15. Jh. und einen vom Uilenspegel v.
1575, die ich besitze, mit den neuen Abdrücken zu vergleichen,
welche ich Ihrer Güte verdanke, so sieht man gleich, wie viel
diese, ausser den Druckfehlern, schlechter als jene sind.

Von Ihrem freundschaftlichen Erbieten, mir demnächst Ihre
verbesserten Exemplare zur Einsicht mitzutheilen, werde ich vielleicht in Ansehung einiger der wichtigeren Stücke Gebrauch
machen, über kleine Sprachunrichtigkeiten geht natürlich ein Aus-
länder hinaus, das wichtigste wäre mir, die am häufigsten ver-
unstalteten Namen auf ihre ältere Form hergestellt zu sehen, doch
würden Sie dazu entw. Handschriften oder alte Drucke benutzen
müssen, deren Vergleichung aber langweiliger seyn würde, als dass
ich sie Ihnen irgend anmuthen könnte. Auch führt sie nicht einmal zu einem befriedigenden Resultat, sondern die Gedichte, oder
die französ. Originale, woraus die Prosabücher entstanden, hätten
immer noch den Vorzug.

Von allen mir bekannten Volksbüchern gehört (ausser dem
Kobisje, in dem doch auch der grössere, schlechtere Theil wieder
aus dem Spanischen) keines den Niederländern ursprünglich
eigen, allein sie haben alles sehr treu, vollständig und gut im
Übersetzen getroffen, auch hat sich in Deutschland nicht soviel
bis auf unsere Zeit gebracht als bei Ihnen (und den Dänen). Der
Malegys, zu dem Sie mir noch Hoffnung machen, wäre mir
sehr lieb, besonders um zu sehen, ob er etwa nicht aus dem
französ. Maugis geflossen ist, was leicht seyn könnte, denn auch
in einem altdeutschen Gedicht hat der Name dieselbe Form Ma-
legyss; Ihrer Vermuthung, dass dies Buch einerlei mit des Zau-
berers Virgilius Leben sei, kann ich widersprechen; es ist derselbe Malegis, der auch in den Haimonskindern eine so hilfreiche
Rolle spielt, der Name Malegis, Maugis, Magis bedeutet Magus
und so heisst er auch im isländischen noch rein. — Ausserdem
waren sonst noch gangbar: Rykaert zonder vreese (Richard

sans peur), R o b e r t d e D u y v e l und H u y g h e v a n B o u r -
d e u s (aus dem Wieland den Oberon geschöpft hat), an welchen
mir nicht soviel gelegen ist, da ich die franzos. Originale besitze.
Wichtiger wäre mir zu wissen, ob sich nicht etwa auch Übersetzungen folgender drei vorfinden: 1. von M o r o l f oder M a r -
c u l p h, einer groben, aber sehr witzigen Parodie der salomon.
Weisheit; 2. vom deutschen L a l e n b u c h, oder Gesch. der
S c h i l d b ü r g e r, einer Art Abderiten — von beiden handelt
Görres nach Verdienst —; 3. vom T r i s t a n, welcher sonst in
Deutschland volksmässig existirt hat und neulich wieder abgedruckt worden ist. (Es ist merkwürdig, dass auch in Holland
kein einziger von den vielen Romanen der Tafelrunde volksmässig
geworden ist.) Von Num. 2 gehn vielleicht mündliche Sagen dort
unter dem Volk herum, die mir noch lieber wären, als das Buch.
Um ein Ex. des jezt gewöhnlichen Eulenspiegel bitte ich nicht,
weil ihn mir zufällig schon eine andere Gelegenheit verschafft hat
(der unschuldig prophetischen Stelle p. 94 wegen hätte man allenfalls Grund ihn hier zu Land zu confisciren).

Die übrigen mir bereits angekündigten Acquisitionen erwarte
ich mit Verlangen, und freue mich besonders auf die Noten zu
Melis Stoke; möchte doch aus v. Wijns Vorhaben (Avondstond. 2.
S. 174. 75), den F e r g u u t und E s o p e t, nebst andern poetischen
Denkmälern des 14. u. 15. Jh. zu ediren, etwas geworden sein!
oder ist dazu noch Hoffnung vorhanden? im gegentheiligen Fall:
würde eine correcte und genaue Abschrift des Ferguut, der mich
am meisten interessirt, schwierig und kostspielig seyn? Eile hat
es auf keinen Fall damit. Ausserdem verdienten noch Dirks
von Assenede Floris et Blanchefleur und der so seltene Druck
von Karel end Elegast einen Abdruck, von lezterem gibt van
Wijn S. 308—12 einen Auszug, hat aber die literarischen Beziehungen übersehen, welche ich neulich im zweiten Band des
altdeutschen Museum, Berlin b. Unger 1811, p. 226—36, nachgewiesen habe. S. 298 sagt Wijn vom Liedeken op Floris 5:
„mischien schuilt het agter eene nederduitsche overzetting van
Lanzelot?" Darüber hätte ich gern nähere Auskunft. — Wollte
ich an Te Water und einige andere schreiben, die Sie mir gütigst
genannt haben, so würde es eine Frage seyn, ob sich diese Herrn
ohne weitere Empfehlung für mich interessirten; weshalb mir
der Vorschlag, eine Aufforderung in ein gelehrtes Intelligenzblatt
einrücken zu lassen, sehr gut gefällt; ich habe in der Beilage

aufgesetzt, worauf es mir ankommt, sein Sie nur so gut damit
nach Gutdünken zu verfahren und dem ganzen ein holländisches
Gewand zu geben, kurz, es so einzurichten, wie es dort den besten
Erfolg hervorbringen könnte; ich habe bei mir angestanden, ob
man den Punkt 3b gänzlich weglassen sollte? vielleicht würde es
nur einen übelen Eindruck machen, wenn man sieht, dass auf Sachen
Gewicht gelegt wird, welche gewöhnlich für aller Aufmerksamkeit
unwerth, ja läppisch gelten. Dem gemischteren deutschen Publicum
darf man so etwas viel eher bieten, ohne dass ich dieses damit
loben wollte, vielmehr liegt bei dem grössten Theil desselben weniger eine rechte Empfänglichkeit als eine unrechte Passivität dem
Umstand zum Grunde. Wie hat aber schon im Jahr 1795 unser
Johannes Müller den Werth solcher Fabeln

quas ad ignem aniculae
narrant puellis

anerkannt und zu deren Aufspürung öffentlich ermuntert! (sämtl.
Werke X. 245.) Ich bin überzeugt, dass kein einziges solcher
ächten Kindermärchen (denn von den faden französischen rede
ich nicht) erfunden ist, im gewöhnlichen Sinn, und jedes darunter
hat wer weiss wie viele Jahrhunderte hingehalten. Da ich ferner
vermuthe, dass, so wie in ganz Niederdeutschland der gemeine
Mann seine Worte besser fügt, als in Hochdeutschland, auch in
Holland die Gabe des gemüthlichen Erzählens wohnt, so wäre
allerdings dort für meine Absicht eine reiche Ernte zu halten;
ich verlange nichts als treue Niederschreibung des Erzählten, ohne
Zusatz und Fälschung; wenigstens bin ich vielleicht auf diesem
Weg so glücklich den alten Sagen von Reineke Vos, worauf es
mir diesmal ganz besonders ankommt, auf die Spur zu gerathen. —
Doch überlasse ich hierin alles Ihrem Ermessen.

Mögen Sie Ihren Namen, und Ihre Adresse, allenfalls nebst
noch einer in Amsterdam, wegen der leichteren Besorgung der
Mittheilungen, hinzusetzen, so würde die Sache sehr gefördert werden
und Sie sind meines Dankes im voraus versichert.

Das allerbeste wäre freilich, wenn sich eine Gesellschaft
holländischer Gelehrten vereinigte, alle etwas bedeutende Überbleibsel alter Poesie, Sprache und Geschichte mittelst eines eigenen
Journals in ungezwungener Form und Folge, ohne alle Noten
vorerst als bloses Material drucken zu lassen. Dergleichen würde
auch jezt nach Deutschland abgesetzt werden. Ist aber irgend
Rechnung darauf zu machen, dass es geschehe?

Haben die Rhetorikerkammern, oder doch die berühmtesten darunter keine Archive gehabt, keine Sammlungen hinterlassen, aus denen sich Belehrung erwarten liesse? Sie beschäftigten sich freilich mehr mit blos lyrischen Gedichten (Allegorien und Moralitäten) oder mit Toneelstücken, wenig mit erzählenden, doch wäre es nicht unmöglich, dass sie auch davon, beiläufig etwas gemeldet hätten. Überhaupt verdienen die älteren Productionen dieser Art, des Formellen wegen, Bekanntmachung; unter Maerlants ineditis bin ich allermeist auf W a p e n M a r t i j n end v e r - k e e r d e M a r t i j n begierig, welche auch v. Wijn (Avondst. I. 297) zu ediren versprach; nächstdem würde ich seinen B e s t i a r i s , oder Naturenbloeme wählen, wovon eine Handschrift zu Wolfenbüttel, modo Göttingen befindlich.

Sollte sich Gelegenheit ereignen ein Ex. von M. of C a s t e l e y n const of rhetorijke für mich zu kaufen, so bitte ich sie zu ergreifen, es gibt davon mehrere alte doch keine neuere Ausgaben. Auch kaufte ich ein Ex. des bekannten G e u z e L i e d b o e k s sehr gern, obgleich darin wenig eigentlich ausgezeichnete Lieder stehen. Von den übrigen noch jezo umgehenden Volksliederbüchern besitze ich ungefähr 24 verschiedene Stücke, durch die Bemühungen eines Freundes, der mir gleichwohl nie die in demselben Verlag erscheinenden prosaischen Bücher verschafft hatte. Mit jenen 24 glaube ich ungefähr alles oder das beste in diesem Fach zu haben, weil schon hier ein Drittel nichts als Wiederholung derselben Lieder ist. Ächter alter Lieder habe ich etwa nur 12 in allem gefunden, es sind solche wie: na Oost(er)land wil ik varen ‖ daer reed een heer met zyn Schildknegt ‖ het Meisje al over de Valle-brug reed ‖ het windje dat uit den oosten waaid ‖ daer ging een jager uit jagen — und noch ein Paar andere. Zu berücksichtigen sind besonders die sogenannten R e g i s t e r l i e d e r , welche oft die Anfänge alter, verlorener Weisen oder Stimmen enthalten, z. B. ostind. Theebaum p. mihi 26. 27. Die Liebeslieder dieser Sammlungen schmecken allzu sehr nach der Schäferperiode und können vor Galanterie wenig zu Herzen kommen. Einige brave, jedoch neuere Matrosenlieder werden Sie auch finden, spätere Bänkelsängereien sehr viel, aber bei aller guten Anlage von schlechter Ausführung. Vermuthlich leben jener alten Lieder noch viele mündlich, welche die gedruckten Sammlungen aus einer Art Vornehmheit nicht aufnehmen, und mir wären sie am allerliebsten, wenn ich sie erhalten könnte. Sind sie aber ausgestorben,

so stünde in diesem Stück Holland sehr hinter Deutschland, Dänemark, Schweden, wo noch alles voll alter Lieder auf dem Land
steckt, desgleichen bekanntlich in Schottland. In Brabant, versicherte mir einer, soll noch viel gesungen werden, doch mag viel
französisches, leichtes Zeug darunter seyn.

Ich habe neulich Kl. Kolijns Rijmchronyk edid. Gerard v.
Loon, Haag 1745 fol., in einem ganz unbeschnittenen Exemplar
für 12 Groschen gekauft, welches mir nun viel mehr gilt, seit ich
von Ihnen vernehme, dass in v. Wijns huisz. Leven eine gründliche Discussion über seine viel besprochene Ächtheit befindlich
ist. Ich werde dieser um so besser folgen können, wenn ich das
corpus delicti vor Augen habe. Wenn es auch ächt wäre, für
die Poesie ist wenig daraus zu holen; mit solchem Luxus aber
werden schwerlich unsere Nibelungen jemals erscheinen, desto
besser, desto mehr werden sie gelesen, denn solche Folianten liest
man eben nicht gern, ich hasse von Grund meines Herzens alle
Prachtausgaben, blos die Bibel auf dem Altar ist einer würdig;
fürs Lesen lobe ich mir, was den holländischen Drucken des
XVII. Jh. ähnlich ist, unter den Formaten würde ich jederzeit das
gross 8. und 12. dem unangenehmen 4. und klein 8. vorziehen,
Folioformat aber ohne Luxuriren gehört sich für grosse, starke
Werke. Ich weiss nicht, wie ich in diese Anmerkung gerathe,
zudem gar nicht über eine Lieblingsmaterie. Sie fragen: ob man
critische Ausgaben der Nibelungen hat? v. d. Hagen hat voriges
Jahr eine recht gute und fleissige zu Berlin ausgehen lassen, cum
varietate lectionum, da aber noch nicht einmal alle Handschriften
zugezogen sind, so werden noch andere Editionen nachfolgen
müssen. Mittlerweile lernt sich auch die Critik ein wenig üben
auf dem ungewohnten Feld. Den historischen Commentar ist er
noch ganz schuldig geblieben. Sie müssen sich nur hüten, eine
von demselben Schriftsteller einige Jahre früher (1807) heraus-
gegebene Ausgabe der Nibelungen zu kaufen, welche modernisirt,
und meiner Überzeugung nach auf ganz falsche Grundsätze gebaut
ist. Von diesem Fehler ist wenigstens die grosse Quartsammlung
altdeutscher Gedichte frei, davon bald der zweite Band erfolgen
wird, sie fehlt dagegen durch Anhäufung aller elenden Varianten,
und zum Theil durch schlechte Auswahl. Ich habe schon vor
einigen Jahren eine Recension derselben in den heidelberger Jahrbüchern geliefert, welche Ihnen vielleicht vorgekommen ist.

Die historische Critik des altdeutschen Nationalcyclus hoffe ich durch Herausgabe eines der wichtigsten und herrlichsten Werke bedeutend zu erleichtern, es ist dies der zweite noch gänzlich unedirte Theil der Sämundischen Edda, davon ich das isländische Ms. schon seit einem halben Jahr aus Kopenhagen in Händen habe. Es enthält dies Gedicht dieselben Sagen, die auch in den Nibelungen vorkommen, nur in älterer stärkerer Gestalt, das deutsche Epos ist fliessender, gleichmüthiger, wenn man so sagen darf. Ohne Anstand stelle ich diese altnordische Poesie weit über Ossian, von dem man so viel gemacht hat, und den ich in der neuen, unmittelbar aus dem gaelischen gemachten, etwas geradbrechten Version Ahlwardts (Leipz. bei Göschen 1811, 3 Bde.) gar nicht so verschieden von der Macphersonschen Umarbeitung erkennen kann. Die Mühe, die man auf die schwere Scaldensprache zu wenden hat, wird reichlich durch die Sache selbst gelohnt. Vor einem halben oder dreiviertel Jahr dürfte das Buch schwerlich erscheinen.

Ebenso wird ·die Erscheinung meiner Ausgabe der altspanischen Romanzen durch zweierlei gehemmt, einmal durch die Muthlosigkeit unserer Buchhändler, die täglich steigt, dann durch ·die angenehme Hoffnung, handschriftliche Sammlungen zur Benutzung zu erlangen. Der Cancionero de Romances Anvers 1550. 8, dessen Sie aus einem Bücherauctionscatalog erwähnen, ist mir so wenig bekannt, dass ich ihn nicht einmal in irgend einem literarischen Werk citirt gefunden habe. 1551 erschienen daselbst die romances nuevamente sacados de historias antiguas und 1555 der berühmte, allerbeste cancionero de romances. Ich möchte daher in jenem Citat einen Druckfehler für 1555 vermuthen, und wäre sonst sehr neugierig. Diese spanischen Romanzen sind blos Lieder, und keine in Prosa, die schönsten darunter gehören auch in die Geschichte Carls des Grossen, und sind, soviel wir wissen, ursprünglich spanisch, dagegen ihre prosaischen Romane sich meist auf ein französisches oder italienisches Original zurück beziehen; so ist auch, aber beträchtlich später, die Familie der Amadis, Palmerine etc. aus einem französischen Funken ausgegangen, und steht an wahrer Poesie ebenso weit unter der älteren von Carl und Artus, als über unseren modernen Ritterromanen, in denen nicht einmal eine Ahnung der leeren, allein höchst subtilen Galanterie weht, welche dem ächten und guten Rittergeist in Europa den Todesstoss gab Zum guten Glück haben diese Amadisse nie in Deutschland oder in Holland Wurzel fassen können, auch

sind sie nicht einmal in Spanien oder Frankreich eigentliche
Volksliteratur gewesen. Eine vollständige Sammlung von dergleichen in einer modernen Ritterburg aufzustellen, wäre für leztere der Idee nach viel zu gründlich; in der bei Napoleonshöhe
stehen blos einige Schränke mit schlechten Ritter-Romanen, in der
Art Cramers und Schlenkerts, wohl aber hat man, ohne die Parodie
zu ahnen, von Anfang an, daselbst die Geschichte des Don Quixote
in Gemälden aufgehängt. — Göttingen, überhaupt an älteren
Seltenheiten nicht reich, besitzt auch im Fach der Ritterromane
nur das nothdürftige oder zufällige.

Von meiner vorhabenden Ausgabe des Reineke Vos steht
schon in der Beilage einiges und ich betrachte als einen besonderen
Beruf dazu das Glück, die altfranzösischen Mss. aus der kaiserlichen
Bibliothek von Paris hierherbekommen zu haben; freilich hat es
Mühe und Formalität genug gekostet. Einzelne Theile des altfranzösischen Gedichts verdienen auch wohl den Abdruck, und so
könnte das Ganze, zumal bei dem weitläuftigen Commentar, zu
mehreren Bänden anwachsen. Die hochdeutsche Ausgabe ist mir
recht angenehm, die Sie mir gekauft haben, da ich sie noch nicht
besass; Schoppers lateinische Ausgabe sowie die von Hakeman
(Wolfenbüttel) 1711 habe ich auch, leztere ist unstreitig die beste
des plattdeutschen Gedichts, und ziemlich selten. Wenn es nur
gelänge, das altholländische Buch in Versen, oder andere volksmässige Traditionen aufzutreiben! Ich könnte darüber noch vieles
sagen, und verspare es auf ein andermal; diese Arbeit liegt mir
sehr am Herzen, weil ich mit Herder an die ungemeine Trefflich-
keit der ganzen Fabel glaube.

Sie sehen aus allem diesem, dass ich es nicht an Eifer fehlen
lasse, um mein Studium in Absicht auf Material nicht zu beschränken, was sonst noch zum Gelingen gehört, möge Gott verleihen. Auf allen Fall scheint mir schon die Zusammenstellung
des Materials ihren Werth an sich zu haben, Reiz zur Arbeit hat
sie genug ohnedem. — Es versteht sich von selbst, dass ich mir
die Freiheit nehmen werde, Ihnen Exemplare meiner Bücher zuzusenden, sobald sie herauskommen.

Nun noch zur Beantwortung einiger Fragen Ihres Schreibens.
Villers hat mich erst vor drei Wochen, bei seiner Rückkunft
aus Paris, besucht und lebt seitdem ruhig in Göttingen. Er war
mit dem Erfolg jener Reise vollkommen zufrieden, und wird nun
wohl keiner weiteren, so unwürdigen Verfolgung ausgesetzt seyn.

Es scheinen persönliche Feinde mit im Spiel gewesen zu seyn, welche er sich in Lübeck durch seinen warmen und wirksamen Eifer für Schlözers Tochter, deren Mann bekanntlich voriges Jahr fallirte, zugezogen haben mag. Die Herbeiziehung einer schon vor fünf Jahren geschriebenen, längst in seinem Vaterland bekannten Brochüre war doch zu ärmlich, und die öffentliche Art, womit ein in ganz Deutschland geachteter Mann auf das bitterste und härteste angegriffen wurde (denn der Artikel im Hamburger Corresp. lautet viel härter als der Auszug im Cour. d'Amst.) musste den Unwillen jedes rechtlich Gesinnten erregen. Es war also voraus-zusehen, dass ihm in Paris Gerechtigkeit widerfahren würde. Ich habe nie anders mit ihm, als im allgemeinen über diese Sache sprechen mögen, und bin selbst nicht nach dem nähern begierig gewesen, weil ich mich schon an jenem genug ärgerte und auch tröstete. Zimmermann arbeitet ruhig und rüstig an seinem Taschen-buch, und wie ich sehe auch an einer Übersetzung von Malte Bruns Geographie. Ihm hatte man einige Äusserungen eines Auf-satzes im leipziger Taschenbuch zum Vorwurf gemacht, weiter weiss ich nichts.

Bürgers Leben von Reinhard ist mir nicht zur Hand, so dass ich das nähere über seine Liebes- und Ehestandsgeschichte mit der bekannten Elise, die sich jezt in allen deutschen Städten, als Professorin der Declamirkunst auf eine höchst fatale Art producirt, aus dem blosen Gedächtnis nicht anzugeben weiss. (Im ersten Band von Jördens Lexicon muss auch davon weitläufig gehandelt seyn.) Es ging Bürger, wie vielen gescheidten Männern, dass sie in der Wahl einer Frau gänzlich misgriffen und sich hernach damit ihr Leben und ihren Haushalt verdarben. So brachte sich auch Fernow eine Römerin mit nach Weimar, die er wohl im Stillen vielmal über die Berge heimgewünscht hat. Eine aus-ländische Frau zu nehmen, kommt mir eben so lästig vor, als wenn ich immer eine Sprache sprechen sollte, die nicht meine Muttersprache wäre, etwas gutes wird nicht daraus.

Von dem Leben des Herzogs von Braunschweig. Tüb. Cotta 1809 ist soviel ich weiss, Hofrath P o c k e l s in Braunschweig Ver-fasser, ein bekannter Schriftsteller (Über Ehe und Umgang mit Weibern), mir etwas zu süss und geziert; jenes Buch habe ich nicht gelesen, stelle mir aber vor, dass er über das häusliche Leben viel genaues und unbekanntes gewusst haben wird, er war Erzieher des früher gestorbenen Prinzen August und viel bei Hof; die

schwächere Seite wird dagegen die Beurtheilung des politischen
Werths des Herzogs seyn; Massenbach haben Sie gewiss gelesen.
Haben Sie die memoires der Schwester Friedrichs d. Gr. (am
besten Braunschw. bei Vieweg, 2 Bände) noch nicht gelesen, so
rathe ich Ihnen dazu, ich habe noch in keinem Buch die Schändlich-
keit des Hoflebens so treu und lebhaft geschildert gefunden und
doch geht neben allen Intriguen eine wohlthuende Herzlichkeit
und Religiösität mitunter, die man sich auch noch hinweg denken
könnte. Andere Höfe waren damals gewiss viel besser, frömmer
und geistreicher oder doch eins davon Alles aber sticht hart
gegen die vielen starken und reinen Fürsten ab, die noch bis
einige Jahrhunderte früher in Deutschland keine Seltenheit waren
und worüber man die kürzlich erschienenen Vorlesungen Fr. Schlegels
(über die deutsche Geschichte) nachlesen kann; denn die Parteilich-
keit, die man ihm anderwärts ansieht, hat doch hierauf keinen
Bezug.

Dieser Brief ist endlich gross genug geworden, ich brauche
kaum zuzufügen, dass Sie mir nur auf einige meiner Bitten und
Fragen, nach Bequemlichkeit und Gelegenheit, zu antworten nöthig
haben, das Zuviele entschuldigt sich damit, dass es Ihrer Güte
desto mehr Freiheit lässt, darunter auszuwählen. Mit wahrer
Hochachtung

der Ihrige

gehorsamst

Grimm.

Unmassgebliches Inserat in den Letterbode.

[Unterzeichneter, der zu einer ausführlichen Geschichte der
altdeutschen Poesie sammelt, empfindet dabei lebhaft den Abgang
so mancher ehrwürdigen Denkmäler des vaterländischen Alterthums,
und am schmerzlichsten, wo dieser in einem wirklichen Untergang
derselben seinen Grund hat. Viele, welche für die Geschichte und
Dichtkunst lebendig zeugen sollten, sind nur noch namentlich bekannt, andere sind selbst namenlos verhallt.

Was Fleiss und Sorge einzelner Sammler vereinigt und scheinbar
gerettet hatte, noch mehr, ein Schatz von Tradition, Brauch und
Mundart, woran ein ruhiges Volk lange zehrt, hat der Unruhe der
Zeiten, welche wir erlebt, nicht zu widerstehen vermocht, und ist

vielfach in Zerstörung aufgegangen, oder doch in Schwächung und
Mischung befangen. Es unterliegt keinem Zweifel, dass vor einem
Menschenalter, ja noch vor 30, 20 Jahren, in Absicht auf das vorhandene nöthige Material, eine Geschichte altdeutscher Poesie und
Sprache viel gründlicher, vollständiger und leichter hätte geschrieben
und unterstützt werden können; eben so einleuchtend ist aber
auch, dass schon nach einem neuen Decennium wiederum eine
Menge von Zügen und Monumenten vertilgt seyn werden, zu denen
uns noch jezt der Zugang oder die Erinnerung freisteht.

Die niederländische Sprache, worunter wir auf gleiche Weise
die flam- und holländische begreifen, ist, je höher wir hinauf-
steigen, desto näher mit der übrigen deutschen verwandt, ebenso
hat es sich in jener älteren Zeit mit Literatur und Dichtkunst
verhalten, die Bearbeiter derselben lassen gerade da fühlbare Mängel
und Lücken spüren, wo ihnen die Bekanntschaft der einen oder
der anderen dieser Quellen abging, oder wo sie es unterliessen,
beide zusammenzunehmen und zu vergleichen. Die Bemühungen
eines Huydecoper, Lelyveld, van Wijn und anderer, welche die
Rettung und Erläuterung der altholländischen Literatur zu einem
der liebsten Gegenstände ihres gelehrten Fleisses gemacht, verdienen höchlich geschätzt zu werden, nur scheint es, dass diese
Arbeiten eifriger Fortsetzung und Nachahmung würdig sind und
ihnen nur noch mehr Ausdehnung gegeben werden müsste. Die
Zeit ist vorüber, wo man die Bücher und Sagen, d. h. die Literatur des Volks, mit verächtlichem Auge ansah, es hat sich aus
den Untersuchungen einiger geistreichen Schriftsteller zur Genüge
ergeben, dass in ihrer verwitterten Schale ein Kern voll Wahrheit
steckt, der uns schon blos seines hohen Alters wegen ehrwürdig
erscheinen muss Es gibt fast kein einziges Volksbuch, Lied,
keine Volkssage und Sitte, die nicht ihren Elementen nach viele
Jahrhunderte früher über das hinausgesetzt werden müsste, wo sie
die lezte äusserliche Form empfing. Wenn wir aber in den
Schiffermärchen der späteren Griechen noch auf Spuren uralten
Kabirendienstes stossen und ihn daraus mit erklären können, so
sollen wir uns auch nicht weiter schämen, die Religion und Poesie
unserer Vorfahren aus den gebliebenen Traditionen des gemeinen
Mannes zu erläutern. Haben wir sie einmal unter diesen bisher
absichtlich vernachlässigten Gesichtspunkt gestellt, so werden uns
noch Quellen fliessen, von welchen wir nichts ahnten und Resultate
aufthun, die uns zu lang verborgen geblieben sind. An das Vor-

ausgeschickte schliessen sich folgende Bitten und Fragen an die Kenner und Freunde altholländischer Literatur an:]

1) Um Mittheilung oder Nachweisung aller niederdeutschen Handschriften, vom Anfang bis zur Einführung der Buchdruckerei, welche irgend einen Bezug auf die alte Poesie haben, sei es auch der kleinste. Am wichtigsten scheinen aber hier nicht sowohl die eigentlich historischen Reimchroniken zu seyn, sondern vielmehr Gedichte, welche die schon in ein mythisches Element über-gegangenen Geschichten der Karolinger und vor allem den grossen altdeutschen Sagencyclus umfassen, der in dem herrlichen Epos der Nibelungen gleichsam den Mittelpunkt gefunden hat, und worin die Heldennamen eines Dietrich von Bern, Siegfried, Attila, Wittich, Hildebrand etc., einer Grimhild, Brunhild hervorragen. Dass diese Sagen, oder ein Theil davon, noch im 13. Jh in Holland geläufig waren, erhellt aus folgender Stelle eines ungedruckten Reimgedichts über Alexander den Gr., das vermuthlich in jene Zeit fällt:

> gode geesten ende sagen
> vint men vele nv bi dagen
> daer vele wonders staet in bescreuen
> maer bouen alle

geht Alexander der grosse, dagegen ist die Geschichte von Troja ein Wind, nichts dagegen sind die grossen Abenteuer, die man von Artur und Walewein (Gauvain) liest, Karls wych (wo-mit der Krieg gegen die Heiden, berühmt durch die roncisvaller Schlacht, gemeint wird) ist ein Spiel dagegen, und auch, fügt der Dichter hinzu

> Ettels orloge van den hunnen
> enmochte hier iegen neit gestunen

wo wir ganz deutlich Attila und seine Hunnen erkennen und den Inhalt des Lieds der Nibelungen ahnen.

Überhaupt aber wäre auch die Angabe aller anderen er-zählenden Gedichte zu wünschen; so soll nach einer Stelle Maer-lants Clais van Brechten der Übersetzer des Romans von Wilhelm dem heiligen gewesen seyn. S. van Wijns Avondst. 1. 264 coll. 2. 173.

2. gleichermassen um Mittheilung aller handschriftlich oder in seltenen Drucken oder im Munde alter Leute vorhandenen Volks-lieder, welche auf den alten Nationalkreis oder einen anderen bezogen werden müssen, und da dieses oft der Fall ist, wenn

schon die alten Namen darin untergegangen und mit neuen oder
ganz allgemeinen vertauscht worden sind, so dass jener Zusammenhang nur noch an der Sache allein offenbar wird, so wäre insgemein die Erhaltung aller alten Volkslieder ein Gewinn. Das
worauf es mir ankommt, kann also nicht genauer als damit be-
zeichnet werden, dass die epischen Lieder (Romanzen, Balladen)
den blos lyrischen (Minneliedern) an Wichtigkeit vorausgehen. Was
wirklich alt, und was den lezten Jahrhunderten angehört, lernt man
sehr bald am Gefühl unterscheiden. Von dem Alter der hier ge-
meinten Lieder nur ein Beispiel. Das Lied: de grieksche
Jaager, das in verschiedenen noch jezt verkäuflichen Volksliederbüchern, z. B. dem ostindischen Theebom p. 69 zu finden ist und
anhebt:

daer ging een Jager uit jagen

hängt offenbar mit einem Stück des altdeutschen Heldenbuchs
zusammen und ist leicht schon in dieser Gestalt über 500 Jahre
alt, während es in seinen Grundbestandtheilen ungleich höher hinauf-
steigt. Auch das Lied, welches ihm als Weise übergeschrieben
steht (ik ging in den bogart om met etc.) dürfte ebenfalls zu den
alten Liedern gehören, an deren Erhaltung und ächteren Mittheilung
aus älteren Recensionen der Geschichte der Poesie soviel gelegen ist.

3. Wenn es erlaubt ist, zu diesen allgemeinen Wünschen und
Bitten einen ganz besonderen hinzuzuthun, so fragt der Unter-
zeichnete (welcher sich eben mit Herausgabe eines hochdeutschen,
bisher ganz unbekannt in der Vaticana vergrabenen Gedichts von
Reinhart Fuchs aus dem 12. Jh. und einer Vergleichung desselben mit den handschriftlichen altfranzösischen Bearbeitungen
beschäftigt) an:

a. ob sich nicht irgendwo Mss. eines altholländ. Reimgedichts
von Reynaert de Vos erhalten haben sollten, welche uns
möglicherweise zu der eigentlichen Arbeit des bekannten Heinrich
v. Alcmar näher führen würden. Einer solchen gedenkt van Wijn
in den schon erwähnten Avondst. 1. 273 nach einer schon anno
1475, also vor den ersten Drucken des prosaischen Buchs
zu Gouda und Delft, geschriebenen Handschrift. In dem prosaischen Buch leuchten noch deutlich hin und wieder einzelne Reime
hervor, und soviel ist gewiss, dass das plattdeutsche Reimgedicht
gewiss nicht aus der holländischen Prosa hervorgegangen ist.

b. ob nicht in mündlichen Erzählungen und, um ohne Scheu

einen in der Critik verrufenen Namen zu gebrauchen, in gangbaren
Ammenmärchen Geschichten vom Fuchs, Wolf und anderen Thieren
vorkommen. In Deutschland ist dies wirklich der Fall und es
wird besonders die Geschichte von einer zweiten Heirath der ver-
wittweten Frau Füchsin, welche aber durch die Ankunft des tod-
geglaubten wahren Gemahls zur rechten Zeit gehindert wird, mit
unterlaufenden Reimen erzählt. Alle diese und ähnliche Sagen
vollständig, mit allem Detail und womöglich in den Worten und der
Mundart des erzählenden genau aufzufassen, ist dem Herausgeber
für seinen Zweck höchst wichtig und er würde sich geneigten
Mittheilungen, und selbst unvollkommenen sehr verpflichtet wissen.

im August 1811.

Jakob Grimm.

Bibliothekar zu Cassel in Westphalen.

Wäre wohl nicht besser das eingeschlossene [ ] ganz aus-
zulassen und gleich mit den Fragen und Bitten zu beginnen?
Quae Tuo judicio omnia relinquo.

Ich hatte bald vergessen, zu bitten, dass Sie Sich Ihre Auslage für mich von einem dortigen Buchhändler, der mit Dietrich
oder mit Tourneisen, fils, hier in Cassel in Verbindung steht (beide
beziehen die Leipziger Messe) gefälligst mögen vergüten lassen, so
kann ich es durch diese dann weiter berichtigen. — Das angekün-
digte Buch hat mir Herr Brockhaus zur Zeit noch nicht gesandt,
sobald es eintrifft, werde ich es auf die vorgeschriebene Art weiter
an Sie befördern.

Ich benutze noch diesen wenigen Raum. In Ansehung des
g e h. S i e g f r i e d s kann es wohl seyn, dass ich mich geirrt habe,
und er mag gar nicht ins holländ. übersetzt worden seyn. Sobald
er aus dem Deutschen übersetzt ist, liegt mir auch nichts daran;
es könnte überdem erst gegen Ende des 17. Jh. der Fall gewesen
seyn, weil das deutsche Volksbuch selbst eine s p ä t e, schlechte
Arbeit ist. Meine Nachricht stützte sich blos auf den Bericht
eines Freundes, der das Buch einmal in Holland gesehen haben
wollte. — Dem Paquet bitte ich noch beizufügen, falls es ohne
Beschwerde geht, ein Ex. des L e i d e n s c h e n S t u d e n t e n -
l e b e n s und eines von Vissers N a a m l i s t, die van Wijn öfters
allegirt, und worunter ich doch etwas g e d r u c k t e s vermuthe.

B i l b o q u e t scheint mir doch ein bloser Buchdruckerterm
zu seyn, der nicht mit b i b l. b l e u e zusammenhängt. Alle kleine

Nebenarbeit heisst bei ihnen so, nicht allein solche Volksbücher, sondern auch allerlei Affiches u. d. m. Etymologisch mag es von bille = Stock, Stab herkommen, welches Borel sehr gezwungen vom lateinischen vilis ableitet.

Sollten Sie über einige Volksbücher irgend genauere Auskunft wünschen, so bitte, mich nicht zu verschonen, ich habe darüber nach und nach sehr viele Collectaneen gemacht und wüsste insofern zu Görres Buch schon jezt einige Bände Supplemente zu liefern. Und doch lerne ich eben aus dem einen, wie viel mir noch am andern mangelt.

III.

Cassel 9. December 1811.

Hochgeehrtester Herr

Einen grossen Brief, den ich als Antwort und Dank auf Ihren kurz davor empfangenen gegen Ende August mit der Post abgehen liess, werden Sie hoffentlich richtig erhalten haben. Die ganze Zeit über habe ich vergeblich auf Empfang der Bücher gewartet, die ich Ihrer Ankündigung zufolge aus Leipzig bekommen sollte, um sie Ihnen auf die vorgeschriebene Weise zuzufertigen. Da ich keine Adresse wusste, so konnte ich nichts erinnern, hoffe also, dass Sie meiner Bereitwilligkeit nichts darunter zur Last legen werden, vielleicht, dass die Schriften Ihnen auf anderm Weg zugekommen sind. Die Absendung der weiter für mich angekauften Bücher ist vermuthlich auch sonst verhindert worden, und ich bin sogar immer noch in Ihrer Schuld wegen der ersten Auslage; ich bitte die Güte zu haben und mir anzuzeigen, an welche holländische Buchhandlung ich den Betrag weisen lassen kann, oder noch besser, wenn Ihnen solchen eine mit Dieterich in Göttingen oder Thurneysen hier in Cassel abrechnende vorausbezahlen wollte, ich würde ihn dann den leztgenannten vergüten.

Seitdem habe ich wichtige Nachrichten für die altholländ. Literatur erhalten. Zu Comburg in Schwaben hat man einen 346 Blätter starken Pergamentcodex entdeckt, der lauter niederländische Gedichte enthält, und, was Sie kaum erwarten werden, zu meiner grossen Freude den verloren geglaubten «vos Reynaerd» in Reimen. Der Verfasser nennt sich blos Willem, könnte aber Willem vtenhoue van ardenborch, oder Claes Willems seyn.

2*

Ich zweifle nicht, dass v. Wijns Fragment (Avondst. 1, 273) zu ein und demselben Gedicht gehörte, ebensowenig, dass die altholl. Prosa direct aus dem Gedicht entsprungen sey. Die Handschrift ist wenigstens aus der 2ten Hälfte des 15. Jh., das Gedicht meines Erachtens aus dem 14ten, ich habe ein Stück des Anfangs, das ich Ihnen mittheilte, wenn wir nicht hoffen dürften in der Kürze das Ganze gedruckt zu sehen. Gräter, der den Fund gethan, hat auch die Herausgabe übernommen. Von Alkmar ist keine Spur im ganzen Werk zu sehen; wer weiss, worauf sich nun das plattdeutsche gründet, wenigstens nicht auf jenes. Ein anderes Gedicht derselben Handschrift scheint auch unbekannt 85 Blätter stark. Incipit: het es gheseit dat in drome. In fine: hier hent de rose XIIII M. II C verse (14 200 verse). Sollte dies eine Übersetzung des Romans von der Rose seyn? vielleicht nach Chaucers kürzerer Bearbeitung? Ins deutsche wurde er niemals gebracht. —

Dann folgt ein Lied. —

Darauf Maerlants heimelichede der heimelicheit —

ein Gebet an Maria. kurz —

Buch von den Sitten. 8 Blätter —

Catos Lehren.

Legende von Brandanus

u. a. mehr, denn Gräter hat mir sehr unbefriedigend darüber geschrieben. Wer hätte diesen Reichthum unten in Deutschland erwartet und wie mag das Ms. in die Benedictinerabtei zu Comburg gerathen seyn. Jezt ist es auch wegtransportirt.

Bei meinem übersandten Inserat für dortige gelehrte Blätter haben Sie unter jetzigen Umständen wohl manches Bedenken gefunden, wie mir hernach selbst eingefallen ist. Aus Göttingen werde ich Ihnen nichts zu melden brauchen, da Sie jezt selbst mit der Societät und hoffentlich mit einigen Professoren correspondiren. Ein köstliches Werk ist neulich in Deutschland erschienen, Niebuhrs römische Geschichte, durchaus neu, geistreich und trefflich geschrieben, das ganze soll 10 Bände werden, auch Savigny ist mit diesem Lob einverstanden. Schlegels Vorlesungen über die Geschichte hat Heeren sehr würdig und brav recensirt. Ich muss diesmal schliessen und empfehle mich fernerer Gewogenheit auf das angelegentlichste; hochachtungsvoll Dero Gehors. Dr.

Grimm.

IV.

Cassel 9. März 1812.

Wohlgeborner, hochgelehrter Herr.

Drei·an Güte und an Stoff so reiche Briefe Ew. Wohlgeb.
habe ich vor mir liegen, dass ich gewiss mit der Antwort nicht
so lange gezögert hätte, wenn nicht in den lezten Monaten ein
wahrer Drang von Arbeiten über mich gekommen wäre, worunter
die unangenehmste und lästigste der mehrmalige Transport und
die Wiedereinrichtung der durch den Schlossbrand in die grösste
Verwirrung und Zerstreuung gerathenen Königl. Bibliothek gewesen
ist. Doch ich will den Raum besser brauchen, als zu einer näheren
Schilderung dieses und anderer Hindernisse, die mich abgehalten
haben meine Freude und Dankbarkeit über Ihre Mittheilungen und
manichfaltige Bereitwilligkeit früher zu bezeigen. Noch nie und
von niemand anderm (den würdigen Bibliothekar Dassdorf in
Dresden ausgenommen) habe ich reichere und freundlichere Unterstützung erfahren, und wenn Ihre Vorschritte und die Inserate in
den L. B. mir nicht alles verschaffen, was unter den jetzigen Umständen noch in Holland für die altdeutsche Literatur zu retten
ist, so hätte ich sonst gewiss gar nichts ausgerichtet. Es wäre
doch betrübt, wenn wir nicht durch einige Nachweisungen erfreut
werden sollten, und ich werde gewisslich alles thun, um durch
Gegengefälligkeiten im Voraus die Zurückhaltung holländ. Gelehrten
unseres Fachs zu besiegen. Bilderdijks Schreiben im Namen der
2ten Kl. des I. war mir in der Hinsicht sehr angenehm, er verlangte darin die Mittheilung des merkwürdigen comburger Ms.; und
besonders zweier Stücke daraus (der heimlichkeit der heimlichkeit
Maerlants und des r. von der rose, — der Reynaert ist ihnen
lange nicht so wichtig); ich habe nichts besseres zu thun gewusst
als an unsern Gesandten in Stuttgart zu schreiben und diesem die
Sache so dringend als möglich vorzustellen. Sobald ich daher
Antwort bekomme, werde ich an Bilderdijk schreiben und mir im
günstigen Fall, Ihrem guten Rath gemäss, andere Dinge ausbitten
und vorbehalten. Ich hoffe fast, dass ich es durchsetze und werde
Ihnen sogleich besonders das weitere melden. Für den Auszug
meines Briefs in dem L. B. vom 17. Jan. bin ich Ihnen auch sehr
verbunden, obwohl als ich ihn niederschrieb, ich nicht daran dachte,

sonst hätte ich statt meiner damaligen Eile in der ersten Freude über den glücklichen Fund meine Anmerkungen etwas sorgfältiger gestellt. Einige haben Sie bereits die Güte gehabt selbst zu erweitern und zu berichtigen. So hätte ich die Vermuthung, dass etwa der holländ. rom. v. d. Rose nach Chaucer gedichtet worden sey, gleich fahren gelassen, da wohl überhaupt wenig oder nichts aus dem englischen, und dagegen so viel aus dem französischen übersetzt worden ist. Dieser Grund ist fast entscheidend, das Alter des holländ. Gedichts möchte sich erst nach näherer Einsicht desselben festsetzen lassen, und der Grund, dass Chaucer kürzer sey (er zählt 7701 v.) stände dem unmittelbaren Zusammenhang mit dem holländ. nicht mehr entgegen, als dass das franz. Original deren 22 734 hat, der holländ. Dichter könnte ja eben so gut erweitert als abgekürzt haben, das lezte ist nur wahrscheinlicher.

Chaucer fängt übrigens mit ähnlichen Worten an:

Many menne saine that in sweveninges
ther nis but fables and lesinges,
but yet menne maie some swevin sene
whiche hardily that false nebene,
but aftirwarde ben apparaunt,
this maie I. drawin to warraunt.

vers 7. an author that hight Macrobes (holländ alse wi wel horen orconden
that halte not dremis false ne lese v. 12) eenen meester die macrobius hiet
but undoth us the avisioun want hi beleeret dat visioen
that whilom mette King Cipioun etc. dat droemde den coninc cypioen.

schon hier ist also das niederländ. um 4 Zeilen länger. (Ist die Amsterd. Ausgabe des rom. de la R. W. Bernard 1735. 3 Voll. 8. noch im Buchhandel und wie viel kostet sie? ein Mr. Méon hat schon längst eine verbesserte vorbereitet, lässt aber gar zu lange darauf warten, er hat dazu mehr als 30 Mss. verglichen)

Legrand d'Aussys Abhandl. über den Renard ist sehr vermehrt und berichtigt im 5. Band der notices et extr. de la bibl. nationale. Paris an 7. 4to p. 294—357 wiedererschienen, bleibt aber immer ein höchst mittelmässiger Versuch, dem ich, seit ich mir das altfranzös. Gedicht aus drei Mss. nunmehr vollständig copirt habe (es sind an 30,000 Zeilen), grobe Fehler nachweisen kann. Unter a. hat er über die Composition und Entstehung des Ganzen sehr verwirrte Gedanken, einige Irrthümer theilt er mit seinen Vorgängern, so ist der vielgenannte Pierre de S. Cloot (Cloud) vermuthlich nicht Verfasser des ganzen, sondern nur

einer einzelnen branche, die etwa $1/_{16}$ des ganzen ausmacht. Wie
sich aber einzelne Mythen und Traditionen unter einander widersprechen, so thut es auch gar nichts, wenn in dem einen Lied der
renard stirbt, und in dem andern wieder auftritt, oder wenn er
immer wieder in neuen Verhältnissen erscheint. Es ist an gar
keine Erdichtung der Fabel im gewöhnlichen Sinn des Wortes zu
denken, sondern eine durchgreifende, uralte Sage anzunehmen,
welche von den Reimern des 12. 13. Jahrhunderts nur aus dem
M u n d e d e s V o l k s oder andern alten vielleicht lateinischen
Büchern (eins wird a u c u p r e genannt, mir unerklärlich, wenn man
nicht a u c u p i u m weitläufiger für astutiae oder insidiae vulpis damals genommen hat) aufgenommen worden sind. Insofern diese
Rhapsoden nun entw. einer reichen Fabel folgten, oder aus eigner
Erfindungsarmuth hinzusetzen, sind ihre Gedichte besser oder
schlechter. Eine ganz specielle Episode findet sich in dem
i n d i s c h e n Bidpai, und nb. nicht in einer der vielerlei im Mittelalter und später gangbaren Übersetzungen, wo sie vielmehr fehlt,
sondern im Hitopadesa allein, das erst vor einigen Jahren durch
Wilkins aus dem Sanskrit übersetzt worden ist. Dieses reicht
hin, um das Alterthum der Fabel zu zeigen, was Aesop und Phä-
drus vom Wolf und Fuchs erzählen (nur leider so dürftig und
ohne Saft), das hängt alles mit unserm Reinhart Fuchs zusammen,
dem man also nicht nach Eccards sonst scharfsinniger Conjectur
den Ursprung in Austrasien, in dem 9ten Jahrhundert anzuweisen
hat. Ich hoffe dies alles umständlich abzuhandeln und bin durch
m ü n d l i c h e V o l k s e r z ä h l u n g e n schon zu manchem Aufschluss gelangt, gewiss sind diese auch in Holland noch nicht ganz
verschollen, und vielleicht erinnert sich noch ein Leser des L.B.
dessen, was er in seiner Jugend gehört hat. Ich bin jezt auch
provenzalischen Liedern auf der Nachspur, die wohl höher hinaufgehen können, als die nordfranzösischen vom renard. Überhaupt
deuten die H a u p t n a m e n des Gedichts auf eine altfränkische
Bearbeitung hin, die, wenn auch auf Galliens Boden erblüht, doch
unter altdeutschen Stämmen auflebte, etwan im 7. oder 8. Jahrh.
Ich bitte von diesen, auch so ganz kahlen Notizen, über die Fabel
vom Reinhart Fuchs, da ich sie blos als Resultate meiner Untersuchungen ausziehe, keinen öffentl. Gebrauch zu machen. Fände
sich nur irgendwo ein solches l a t e i n i s c h e s Gedicht (aucupium)
noch in einer Bibliothek auf, wenn auch in mönchischen Hexa-
metern, so würden wir auf einmal in hellem Tag stehen, statt in

der Abenddämmerung; wie viel Pergament ist aber im 14. u. 15.
16. Jh. verschnitten worden, weil man das daraufstehende Latein
für schlecht erkannte, oder den Inhalt für unclassisch. — Mit dem
(überhaupt schlechteren) nouveau renard des Gielée scheint mir
das holländ. Gedicht, so viel ich sehen kann, in durchaus keiner
Verbindung zu stehen. — Ihre Vermuthung über den Willems
ist unstreitig besser als die meinige und viel glaublicher. Gräters
Ausgabe muss jezt schon gedruckt werden, er hat mir zwar Zusendung der einzelnen Druckbogen verheissen, ob er aber Wort
hält? Auf jeden Fall kann ja eine Abschrift der 1000 Zeilen des
Fragments, welches v. Wijn besitzt, nicht viel kosten, und ich
bitte Sie, diesen würdigen Gelehrten, der mir ja gewogen scheint,
darum anzugehen. Ich hätte dann wohl irgendwo Gelegenheit,
Gräters Druck zu berichtigen oder ihm Recht wiederfahren zu
lassen, v. Wijn selbst fände vielleicht nicht einmal zu der Vergleichung Zeit oder Lust. Dass ich mit v. Wijn noch einmal
unmittelbare Correspondenz anfange, ist wohl nicht so gut, als
wenn Sie fortfahren wollten, der Vermittler dabei zu seyn; in der
Zwischenzeit haben Sie vielleicht schon wieder einen Brief von
ihm über das zweite Inserat im Letterbode empfangen, das ihn
sicher interessirt haben wird; ein Plan zu der Herausgabe altniederländ. Gedichte wäre bald entworfen, doch scheint es mir
selbst rathsamer, den Erfolg unserer bisherigen Vorschritte mit anzusehen, und zu erwarten, wie sich andere holländ. Gelehrte, denen
dabei die erste Stimme zukommt, geneigt oder ungeneigt, oder
gar nicht darüber vernehmen lassen. Unterdessen hätte etwa auch
van Wijn die Gefälligkeit Hrn Gerard zu Brüssel einige nähere
Auskunft von seinen Schätzen abzufodern und zu Nachforschungen
in andern flamischen Städten, wie Cortryk, Maastricht etc. aufzu-
muntern. Es müsste nur dabei gesagt werden, dass es nicht allein
auf Chroniken und moralische Gedichte (worauf sich wie ich weiss
der Sammlerfleiss vieler beschränkt hat) abgesehen ist, sondern
auch auf Romane (selbst prosaische) und kleine Volkslieder.

Ich gehe nun an die Beantwortung anderer Stellen in Ihren
angenehmen Briefen. Die Ungewissheit, worin Sie über meinen
Vornamen geschwebt, wird sich nunmehr lösen, wenn ich Ihnen
sage, dass unter Wilhelm zwar mein Bruder verstanden wird,
wir beide aber schon seit vielen Jahren gemeinschaftlich zusammen
und in einem Fach arbeiten, auch zukünftig wohl unsere meisten
Bücher zusammen herausgeben wollen, wie namentlich die Edda

Sämundar, bei deren Druck uns leider die ungünstige Zeit des
deutschen Buchhandels, mehr als wir anfangs dachten, im Wege
zu stehen scheint. Die Verleger scheuen sich jezt Werke von
3 bis 4 Bänden, wozu sich dieses anlässt, zu übernehmen, geschweige zu honoriren. (Vor zwei Jahren war noch keine Ahn-
dung eines solchen Verfalls; für die fleissig behandelten spanischen
Romanzen bekomme ich keinen Heller Honorar, wiewohl ich müh-
same und kostspielige Abschriften nehmen lassen musste; andere
merkwürdige und nach bestem Vermögen commentirte altdeutsche
Quellen habe ich mehrern Verlegern umsonst angetragen, ohne
einen dafür gewinnen zu können. An dem Publicum ist keine
Schuld.) Die Sämundische Edda ist allerdings ganz verschieden
von der durch R e s e n i u s edirten, leztere ist S n o r r o s pro-
saischer Auszug aus den älteren Gedichten, von denen Sämund
schon eine Sammlung machte und die jetzo zum Theil verloren,
zum Theil ungedruckt sind. Diese ungedruckten, in aller Absicht
sehr kostbaren Lieder sind es, welche wir jetzo herausgeben
können; sie behandeln, wiewohl ganz eigenthümlich, den Fabelkreis
unserer altdeutschen Nibelungen, und beide erläutern sich erst
gegenseitig. — Von dem U t r e c h t e r Ms. d e r E d d a, dessen
v. Wijn gedenkt, findet sich schon eine ähnliche, unbefriedigende
Nachricht im Intelligenzbl. der Leipz. Lit. Zeit. 1807. No. 51. col.
820., es steht mir aber vor, nachher bestimmt an einem andern
Ort gelesen zu haben, dass es mit diesem Ms. nichts sey, ich
habe gerade diese Auskunft verlegt, entw. war es eine moderne
Abschrift eines schon gedruckten Werkes, oder eine Handschrift
ganz anderen Inhalts. Da sie sich wahrscheinlich noch jezt auf
der utrechter Universitätsbibl. befindet, so wird es Ihnen leicht
seyn mir g e l e g e n t l i c h eine Abschrift der Anfangszeilen und
des Titels zu verschaffen, worum ich so frei bin zu bitten, da man
in dergl. Gegenständen nicht sicher genug seyn kann, und ununter-
richtete Berichterstatter so leicht irren. — Sie fragen nach Pering-
skiolds Edda von 1697? Dies ist ein Irrthum ihres Gewährsmanns,
P. gab nie die Edda, wohl aber in genanntem Jahr die Heims-
kringla heraus, welche freilich den nämlichen Snorro zum Verfasser
hat, und auch ein treffliches, in manchem dem Herodot vergleich-
liches Geschichtbuch, neuerdings aber besser edirt worden ist.
G r å b e r g s saggio istorico su gli Scaldi scandinavi, Pisa 1811. —
dessen Sie aus einem Citat in Millins Mag. gedenken — mag
leicht eines der elendesten Bücher seyn, die über eine so schöne

Materie geschrieben werden können, und ist nicht einmal der Anpreisung in den französ. Zeitungen, noch des schönen Drucks und Papiers würdig; von dem sonst nicht unbekannten Verfasser, einem gebornen Schweden, der aber schon sehr lang in Genua lebt, liess sich etwas erträglicheres erwarten, er hat nicht einmal die gewöhnlichsten dänischen Bücher in diesem Fach gekannt, und versteht sicher vom Isländischen nichts. Es gehört eine rechte Unverschämtheit dazu, um ein solches Werk drucken zu lassen, und wir arme Deutschen haben für die ächten, lauteren Quellen selbst nur schlechtes Papier und stumpfe Lettern.

Ein in anderer Art völlig werthloses Machwerk ist Hofstäters Ged. der Tafelrunde Wien 1811 wonach Sie sich ebenfalls erkundigen, ich habe neulich von ihm, sowie von Hagens Grundriss der deutschen Poesie Recensionen nach Heidelberg geschickt, worauf ich mir zu verweisen erlaube. Dieser Grundriss verdient aufrichtiges Lob, ist mit grosser Belesenheit und musterhaftem Fleiss ausgearbeitet und ohne Zweifel das beste über das Literarische unseres Fachs, Sie werden es nicht bereuen, sich das Werk kommen zu lassen und beim blossen Anblick über den grossen Reichthum unserer alten Poesie erstaunen. Ich hätte sonst den Plan bald länger, bald kürzer gefasst, namentlich weder die alten Prosabücher, noch die altniederländische Literatur weggelassen. Auch Hagens critische Ausgabe der Nibelungen (Berlin b. Hitzig 1810.) cum varietate lectionum, zeugt von seiner gründlichen Sprachkenntnis, und wird von Bilderdijks Tadel schwerlich getroffen werden; selbst die frühere absichtlich modernisirte Ausgabe ist doch weit entfernt davon, jämmerlich mishandelt zu seyn. Ich kann ebensowenig in Bilderdijks Absprechen über Docens Titurel einstimmen, der viele Stellen des schwierigen Gedichts recht glücklich erläutert hat, und ebenfalls unter unsere besten Sprachforscher gehört, einzelne Fehler sind unvermeidlich; dass geret so viel als gescheurd (zerreissen) seyn soll, gebe ich vorerst noch nicht zu, obgleich mir Docens geeret auch nicht gefällt, ich möchte eher gereret lesen, von reren (concutere, commovere, dejicere). Wie B. sagen kann, dass chrache in sperschrache bei Docen nicht von Krachen, sondern von Kraft erklärt werde, verstehe ich nicht, weil Docen überhaupt gar keine Erklärung dieses ganz unzweifelhaften Worts beifügt. Spriezzen durch Splitter ist auch ganz richtig verstanden; von spriessen, sprieten, germinare, daher festuca, halm, also Lanzentrümmer,

tronçon, drunzune; auch seldenchraft wird recht erklärt =
Kraſt der Seligkeit, des Glückes. Bei geurbort war D. selbst
zweifelnd, ich nehme es auch nicht für aufgerichtet, sondern
für: geurbart = urbar gemacht, angebaut, gepflegt,
wie das holländ. orberen. Wenn v. 11 werte durch sich(erte
erklärt wird, so habe ich nichts dawider einzuwenden, und weiss
nicht, warum B. verweerde vorschlägt, was ja dasselbe sagt,
denn wehren, sichern, behaupten, tueri, defendere ist ja immer
dasselbe; defendendo quoque tuemur, das ist trivial. Es ist mir
nicht unbekannt, dass B. von der deutschen Literatur und Poesie,
besonders der neueren, nicht allzugünstig denkt, und hart darüber
geurtheilt hat; diess soll mich nicht hindern, seine eigenen Schriften,
worüber ich auch Sie so vortheilhaft sprechen höre, unparteiisch
zu lesen; ich freue mich daher auf seinen Ritter Elias; seine
Meinung von diesem Geschlecht selbst abzustammen, ist freilich
sonderbar, insofern sie sich nicht auf irgend eine Urkunde zu
gründen scheint, sie erinnerte mich an den dänischen Gelehrten,
Thorlacius, der seinen Stamm bis zu Snorro und gar zu Thor
und Odin hinaufführt. Die von dem Heymonskind abkommenden
von Arkel (was ich schon aus v. Wijn Avondst. 1. 270. ibiq.
citt. entnommen hatte) und so manche deutsche und italische Ge-
schlechter, welche in den röm. Scipionen, Camillen etc. ihre Ahn-
herrn suchen, liefern noch andere Beispiele, eines der ältesten und
verbreitetsten ist auch das, dass ganze Völker, besonders die
Franken aber, von Trojanern absteigen wollen, wobei recht verstanden allerdings etwas zum Grund gelegen haben mag.

Über den Ursprung der Sage vom Schwanenritter habe
ich schon mancherley gesammelt, doch geht, so viel ich weiss,
kein äusseres Zeugniss über das zwölfte Jahrhundert hinauf, da
aber die Romane von Carl d. Gr. oder der Tafelrunde, in welchen
beiden sie vorkommt, aus inneren Gründen weit höher hinauf-
steigen, so ist auch damit das Alter der Fabel vom Schw. R.
erhöht. Das altfranzösische Gedicht von dem chevalier au cisne
verfasst durch Renax, Rainiaus oder Renault befindet sich
in mehrern Mss. der bibl. imp.ale, u. a. nis 7191 u. 7628; seine
nähere Einsicht würde manches aufschliessen, Helinandus aber und
nach ihm Vincentius bellovac. sprechen von der Geschichte
als von einer allgemein gangbaren. Fauchet nennt einen Gandor
de Douai als Verfasser, den kein anderer französischer Literator
kennt. Auch der englische in seinem chevelere assigne (au

cigne) bindet die Begebenheit später an Gottfried von Bouillon,
wie blos der weitere Titel (or the warres of the jewes) darthut.
Ganz anders die altdeutschen Dichter, die alles mit den Sagen
vom Graal, und Perceval in Zusammenhang bringen, der Schwanenritter heisst L o h e r a n g r i n, von dem ein eigenes treffliches Gedicht, das jezt Görres aus der vatican. Handschrift abdrucken lässt,
da ist, und der auch episodifch im altdeutschen Titurel und Par-
cival eingeführt wird.   Der Abweichungen sind manche, die ich
Ihnen, wenn Sie es wünschen, am füglichsten einmal zu Bilderdijks
Werk notiren kann.   Noch eine anderweite Recension der Sage
ist die im dänischen Karlmagnus vorkommende von G e r a r d
S v a n, der auch auf einem solchen Schiff hergefahren war u. s. w.
über den clevischen Schwanenorden gibt es eigene Schriften; man
vergleiche auch P i g h i u s Hercules prodicius p. 52 Egb. H o p p
Geneal. v. Cleve und G e r h a a r d v. S c h u i r e n.   Neuerdings hat
M a r t i n in s. lettres à Sophie. Paris 1810 T. 2. 206—13 die Geschichte dem F a v i n (theatre d'honneur II livr. 7) schlecht genug
nacherzählt, auch mit Zufügung des Incidents von des Architas
Taube aus Gellius N. A.   Ich kann diese galante, Tressansche
Manier nicht leiden, wobei der naive Grund alter Sage durchaus
untergeht, der offene Unglaube des Nicol de Clerc (v. Wijn
Avondst. 1. 270) ist mir noch viel lieber.   Übrigens wäre es leicht
aus orientalischen und griechischen Mythen Parallelsagen von heim-
lichen Ehen mit höheren Wesen oder Feen, deren Dauer an
Schweigen oder Unsichtbarkeit streng gebunden ist, anzuführen,
und das zeigt uns eben die tiefliegende Wurzel der uralten Tradition und ihre Ehrwürdigkeit.

Das Ms. meiner s p a n i s c h e n R o m a n z e n sammlung (Silva
de romances antiguos) ist schon seit einem Vierteljahr an den
Verleger abgeliefert, der Druck hat aber noch nicht einmal an-
gefangen.   Die im Don Quixote erwähnten kenne ich (bis auf die,
wohl verlorene, Rom. von Favila) vollständig, doch lasse ich absichtlich alle vom Cid, sowie auch die von den Mohrenkriegen
aus, um beide in eigenen Bändchen nachfolgen zu lassen.   Überdem sind sie bekannter, besonders die lezteren, die in den, neulich
in Deutschland (Gotha) wieder aufgelegten guerras civiles de Gre-
nada (daraus ist auch Almançor und Zayde) stehen, seltener sind
die eigenen romanceros del Cid; Sie kennen wohl H e r d e r s treffliche Bearbeitung, der sich freilich gar nicht strenge ans Original
gehalten hat.   Einige Stellen, worüber ich vergebens selbst Spanier

befragt habe, sind mir nicht deutlich geworden; ich glaube zu
errathen, dass Sie spanisch verstehen, und bin ich so frei folgende
aus einer schönen Romanze hier anzuführen

      heridas traygo de muerte dellas nopuedo escapar
      apretad me las, mi tio, con tocas de caminar

was heissen die unterstrichenen Worte? dem gewöhnlichen Sinn
nach wäre toca de caminar eine Reisehaube, oder dergleichen,
warum sollen aber tödliche Wunden damit gedrückt werden, oder
ist hier bei caminar an die lezte Reise des Menschen zu denken
und verlangt ein Sterbender den lezten Dienst? Da aber caminar in der folgenden Zeile wieder als Assonanz, im gewöhnlichen Sinn steht, so möchte ich in jener eine falsche Lesart vermuthen.

    Von Gräters Bragur sind schon lange 7 Bände u. ein
Band Repertorium heraus, zusammen im Buchladen mögen sie
zwischen 11—12 Rth. kosten, fangen aber schon an in Auctionen
vorzukommen, vieles ist schon daraus antiquirt, besonders die
eigentlich specielle altdeutsche Abtheilung, das übrige ist von gar
verschiedenem Werthe. Gräter lässt gegenwärtig in Breslau eine
Alterthumszeitung drucken, es wird aber wöchentlich nur ein
halber Bogen ausgegeben, so dass es an Stoff wenigstens nimmer
gebrechen kann. Unter dem Titel: Iduna u. Hermode.

    Über Brandanus Legende (eine Odyssee des Mittelalters)
finden Sie Auskunft in den A. A. S. S. m. majo III 595. Die
Prosa ist verschiedentlich in den meisten Sprachen gedruckt, ein
plattdeutsches Gedicht von Bruns edirt, und das niederländische
haben wir ja nun auch in der Comburger Handschrift.

    Über Malegys Namen hat das französische Volksbuch
wieder eine andere Conjectur, indem es ihn von mal gist her-
leitet, weil er als Kind im Wald liegend gefunden wurde; die
ihn fand rief aus: «cest enfant cy mal gist, et ce sera son
nom.» Das verwundert mich gar nicht; ich habe schon einmal
gezeigt, wie vielerlei Erklärungen man von Charlemagne, Charlemaine (d. i. Karlman ursprünglich) gefunden hat, Karlmann
heisst nichts mehr als Karl allein, man ist ein gleichgiltiger
Anhang zu einer Menge von Mannsnamen; nachher hat die
ernste und critische Geschichte sogar das passende Adjectiv
magnus daraus gemacht, aber vor dem 12. Jh. wird man weder
in Urkunden noch sonst den Kaiser anders als Karl schlechthin
genannt finden.

Die Büchersamml. in der hiesigen Martinskirche, davon in einer holländ. Reisebeschreibung steht, ist gar nichts, als ein paar hundert theolog. Bände, meist aus dem 16. Jh, worunter nicht einmal etwas seltenes.

Von Leibniz sind freilich noch merkwürdige inedita zu Hanover, die kleineren Excerpte sollen seltsam unter einander gerathen und kaum zu entwirren seyn, aber es sind noch grössere Aufsätze, besonders über Protestantismus und Catholicismus vorhanden, die wohl den Druck verdienten, erst neulich hat sich der Cardinal Fesch darum bemüht, ich zweifele aber ob er sie erhalten hat, wenigstens nicht alle. Einen Band Briefe von Leibniz an Schulenburg (polit. Inhalts) habe ich selbst unserer hiesigen Königl. Privat Bibliothek verschafft. Diese leztere ist vorerst weder zahlreich (circa 12 000) noch eben interessant.

Fr. Schlegels histor. Vorlesungen sind reich an geistvollen und eigenthümlichen Ansichten, allein doch noch mehr erregend, als gründlich, man sieht dass er neben der Historie noch viel anderes treiben muss, obgleich diess selbst vortheilhaft auf sie einfliesst. In dem, was er über altd. Religion und Dichtkunst sagt, befriedigt er mich am wenigsten, übrigens befasst er den Zeitraum vom Anfang der deutschen Gesch. bis auf Kaiser Joseph. — Er gibt jetzt in Wien ein deutsches Museum heraus, das sich natürlich vor anderen Zeitschriften auszeichnet, diese böse Form macht sich in unseren Tagen immer nothwendiger. Auf sein Buch über die ungarische Sprache u. Literatur lässt er leider gar lang warten.

Den Auftrag an Villers habe ich acht Tage nach Empfang Ihres zweiten Briefs gleich besorgt, und ich zweifle bei seiner kundigen Gefälligkeit nicht, dass er es gleich weiter gethan hat. In den Osterferien denke ich ihn hier zu sehen, das lezte mal schien er mir nicht ganz vergnügt, dass er Vorlesungen über die neuere Diplomatie halten muss, soll aber doch 20 bis 30 Zuhörer haben. Als Secretair der Societät ist er freilich mehr an seiner Stelle.

Ich darf nicht vergessen zu melden, dass mir die beiden Numern des Letterbode unter Kreuzumschlag richtig und ohne weiteres Porto zugekommen sind, obgleich man darauf bemerkt hatte: franco jusqu'aux frontières; nur kamen sie acht Tag später als der Brief an, mit dem sie doch zugleich sollten abgegangen seyn. Bei erster Gelegenheit will ich nun auch versuchen, Ihnen auf ähnliche Art etwas zuzuschicken, um den Erfolg zu sehen. Dagegen ist das im Decbr. abgesandte Bücherpaqet,

durch Müller in A. noch nicht angelangt und wird wohl erst
Ostermesse eintreffen. Ich habe meinerseits schon im Januar ein
Paquet an Sie durch Dietrich abgehen lassen, es befindet sich darin
der erste Band der neuen berliner Quartsammlung von altdeutschen
Gedichten, den ich als einen geringen Beweis meiner Ergebenheit
anzunehmen bitte. Ich hatte nämlich durch Zufall ein doppeltes
Exemplar dieses Theils vorräthig. Zugleich ist Dietrich von mir
angewiesen, an Müller so viel zu bezahlen, als ihm dieser für Ihre
Rechnung abfodern wird, ich ersuche also nochmals diesem die
Note gefällig zuzustellen.

Wie lang läuft ein Brief von hier bis Franeker? die Ihrigen
immer 14, 15 Tage, welches für die Entfernung doch zu weit ist.

Wenn die Göttinger Anz. von da unter K r e u z b a n d abgehen, so meinte ich doch, sie könnten Ihnen nicht so hohes Porto
machen, seitdem auch diese Zeitung in Frankreich privilegirt worden
ist. Nur müssten Sie monatlich etwa nur zweimal senden lassen.

Nun noch einige Bitten zum Schluss: (einige sind schon im
obigen implicite)

1. von Maerlants Sp. und V e l t h e i m s R e i m c h r. wünschte
ich den Ladenpreis zu wissen, ist er mir zu hoch, so muss ich
bei Gelegenheit in Auctionen darnach trachten (nicht immer ist
man so glücklich wie ich neulich, da ich die completten sehr
seltenen Werke des Ol. Wormius für 4 bis 5 Groschen erstand).

2. bitten Sie doch Bilderdijk um einige genauere Nachricht von
dem, Ihrem Brief nach durch ihn wiederhergestellten a l t f r ä n k i s c h e n
F r a g m e n t; ob es Prosa oder Verse sind, sagt er nicht einmal.

3. v. Wijn würde wohl eine kurze Notiz über den holländ.
L a n c e l o t (in Prosa) verschaffen, etwa nur ein Blatt aus dem
Anfang oder Schluss, um zu sehen, ob das französ. unmittelbar
zu Grund liegt. Es ist ein Fehler bei Hagen (Grundriss cit.
p. 538) dass er: «een amoroeze historie van den edelen L a n t s l o e t
unde die scone S a n d r y e» für den tafelrunder Held nimmt; ich
sah das Büchlein vor einigen Jahren zu Göttingen und fand etwas
ganz anderes.

4. hat man eine gute Untersuchung über die Differenz des
vlämischen von dem holländischen Dialect, oder über andere holländ.
Dialecte? Nach Adelungs Mithr. 2. 245--47 wäre etwan in Hasselts
neuer Ausg. des Kilianischen etymol. das beste zu finden. (was
kosten die 2 zu Utrecht 1777 gedr. Quartanten?) Vielleicht handelt
auch t e n K a t e in s. krit. Grammatik davon ab.

5. wie steht es mit der Preisaufgabe der leidener maatschappij über vaterländ Sprüchwörter?

Den Brief von Stratenus brauche ich wohl des Portos wegen nicht zurückzuschicken? Für die von Ihrem Hrn. Vater, dem ich mich gehorsam zu empfehlen bitte, mitgetheilten Sprach-bemerkungen danke ich bestens; Huet war mir schon bekannt, auch Kops über die Rederijker habe ich vor 1 ½ Jahren gelesen, als ich in meiner Abh. vom Meistergesang ihrer erwähnen musste. Das Lied: nach Osterland will ich fahren etc scheint mir doch nicht auf die Kreuzzüge zu weisen, denen man viel zu viel Einfluss in der Dichtkunst des Mittelalters zugemuthet hat; der Begriff des östlichen Lands ist immer provinciell und sehr verschieden; so ist ja Austrasien ganz was anderes als Oesterreich, welches in den Nibelungen Osterlant u. Osterrich vorkommt. Nun wüsste ich nicht noch auf etwas Antwort schuldig zu seyn. Ihrer ferneren Güte und Freundschaft empfehle ich mich auf das angelegentlichste und bin mit wahrer Hochachtung Ew. Wohlgeb.

gehorsamer Dr.

Grimm.

Noch eins: der von Ihnen verlangte volksmässige Abdruck des Lalenbuchs ist äusserst selten und hier zu Land kaum zu haben. Allein Hagen hat in seinem Narrenbuch, Halle bei Renger 1811, einen alten Druck ziemlich gut wiedergegeben Soll ich Ihnen dieses bestellen, oder wollen Sie es unmittelbar? In den Nris 31 — 34 (5.—8. Febr. 1812) der hallischen allg. Liter. Zeitg. steht von mir eine umständliche Recension der neuen isländ. Grammatik. Kommt sie Ihnen vor Augen, so bitte ich um Ihr Urtheil, da ich einige allgemein grammat. Punkte zu berühren versucht habe. Die belehrenden Notizen über die neuere holländ. Geschichtschreibung waren mir schätzbar.

Eben beim Abgang dieses Briefs trifft einer von Bilderdijk vom 1. März ein, worin mir meine noch unverdiente Ernennung zum corresp. Mitglied der 2ten Kl. des Instituts angekündigt wird Ich hoffe gleich mit einer angenehmen Nachricht über die comburger H. S. antworten zu können; ich zweifle nicht, dass ich diese Ehre vornämlich Ihrer gütigen Empfehlung zuzuschreiben habe, welches mir sie doppelt werth macht, und ich erstatte Ihnen meinen verbindlichsten Dank. Am 10. März.

V.

Cassel 23. Mai 1812.

Ich schreibe eben an Bilderdijk wegen des Comburger Ms. (dessen Mittheilung Schwierigkeiten macht) und benutze diese Gelegenheit, einige Zeilen an Sie, hochgeschätzter Herr, beizufügen. Einen grossen Brief aus dem März werden Sie hoffentlich empfangen haben; Ihr bewusstes Decemberpaquet ist immer noch nicht zu meinen Händen, ich möchte wissen, ob das meinige glücklicher gewesen ist, und den Weg zu Ihnen gefunden hat. Es mag aber mit den Paqueten seinen schweren Gang gehen, wie es will, so bitte ich recht inständig, die Rechnung Ihrer gütigen Auslage für mich nicht länger anstehen zu lassen, sondern sie durch Müller an Dietrich zu senden, welcher Zahlung leisten wird. Unser Buchhandel sinkt täglich mehr zusammen, der Messcatalóg war noch stark genug, aber es sollen über 30 Buchhändler fallirt haben, der bekannte Bohn in Hamburg z. B ist in äusserste Armuth gefallen.

Das meiste Aufsehn in der Literatur hat in letzter Zeit Schellings heftige Schrift gegen Jacobi gemacht, das erste Resultat wird seyn, dass J. München für immer verlässt, und sein Alter wo anders beschliesst, wo er die gewiss verdiente Ruhe findet. So bleiben, ausser Schlichtegroll, fast keine bedeutende Norddeutsche in Baiern übrig; Hamberger, nachdem er die verwirrte Bibliothek mit grosser, selbst körperlichen Last, eingeordnet, ist wahnsinnig geworden und kann nicht einmal nach Gotha zurückreisen. Schelling ist Jacobi'n polemisch überlegen, auch hat J. sonst Blössen gegeben, allein aus J s Schrift geht ein reines Herz hervor, was man bei Sch. bezweifeln will; und in so grossen Dingen, als die bestrittenen sind, ist eine wahre und geistreiche Confession, wie die Jacobische, immer etwas schönes; allein ich für mein Theil begreife auch den grossen Reiz, den die strenge scharfe, wenn auch oft zu scharfe und spitze Untersuchung haben muss. Ich möchte nichts verdammen, als das böse, persönliche Verhältnis, was zwischen beiden gewürkt und J. etwas heimlich gegen Sch. gemacht hat, diesen aber zu schonungslos gegen J. Die gel. Blätter haben sich alle stark gegen Sch. erklärt, allein das war vorauszusehen.

Von Göttingen weiss ich wenig, denke aber in sehr kurzem
hinzureisen. Villers ist allmälig wieder vergnügter, auch mit seiner
Professur, die ihm anfangs wegen der trockenen Diplomatik,
schwerer ankam, seine Vorlesungen haben Sie aus den gelehrt. Z.
Constant (mit dem er viel umgeht), der so lange bei Fr. v. Staal
war, hält sich fast schon ein Jahr in G. auf und verfolgt Arbeiten
über die allgem. Mythologie Ich weiss nicht, ob Sie K a n n e s
Schriften in diesem Fach kennen, besond. seine Urkunden und
neuerdings sein Pantheum, in beiden ist ein fast unerhörter Scharfsinn in Combinationen, bes. etymologischen; nichts lässt sich leichter
widerlegen, als hin und wieder einzelne Stücke, aber dies benimmt
dem übrigen nichts und (so!) er überraschende und wahre gefunden. C r e u z e r s Symbolik wird immer noch in der Jen. L. Z.
wegen Eichstädts Feindseeligkeit unwürdig behandelt. In Berlin
hat F i c h t e Entlassung vom Rectorat begehrt, und S a v i g n y
ist nicht nur für dieses, sondern auch das künftige Jahr an seine
Stelle getreten. Von diesem habe ich seit Januar keinen Brief,
doch weiss ich, dass an der neuen Samml. der j u r i s p r. a n t e-
j u s t i n stark gearbeitet wird.

Es ist Zeit, dass ich noch etwas von unserm altniederländi-
schen melde. Vom comburger Ms. vorerst nichts, sobald ich es
bekomme, sollen Sie eine ausführliche Beschreibung erhalten, denn
es enthält noch andere, wichtige inedita, deren ich früher nicht
einmal gedenken konnte. Jetzt nur die a n g e l e g e n t l i c h e r e
Wiederholung einer früheren Bitte Es hat sich ausgewiesen, dass
der Reinaert de Vos, soweit er in der comb. Hs. steht, nicht das
g a n z e Gedicht enthält, sondern nur das e r s t e B u c h des Plattdeutschen. Nun aber ist aus dem alten Druck der holländ. Prosa,
z. B. aus dem delfter, leicht zu sehen, dass diese g a n z e Prosa
ehmals gereimt war, denn wie man in dem prosaischen Äsop hin
und wieder die alten Jamben des Babrios findet, so lassen sich
auch in dieser Prosa, nur viel häufiger und zerstreuter, einzelne
Reime und gebliebene Reimzeilen aufsuchen, dieses aber von Anfang bis zu Ende, und namentlich noch auf den letzten Blättern.
Nun kommt es darauf an zu wissen, und es ist mir sogar wahrscheinlich, dass v. W i j n s F r a g m e n t des Reinaert aus dem
Schluss des G a n z e n ist, folglich mit der comburger Hs. gar
nicht coincidirt. Ein Grund mehr, um Sie recht inständig zu
bitten, v. Wijn die früherhin von ihm angebotene Abschrift dieses
Fragments abzufodern, weil es mir von äusserster Wichtigkeit seyn

kann, auf jeden Fall aber, selbst wenn es auch nur jener Anfang oder aus der ersten Hälfte wäre, wegen einzelner, fehlenden Zeilen sehr angenehm wäre. Die Abschrift der wenigen Blätter kann weder viel Zeit noch Kosten erfodern; muss sic aus irgend einem Grund anstehen, so wünschte ich doch wenigstens den inhalt-lichen Anfang und Schluss des van Wijnschen Fragments so bald als möglich zu vernehmen. — Vielleicht sind mittlerweile auch andere gute Nachrichten bei Ihnen eingekommen; ich eile diesmal und bin mit aufrichtiger Hochachtung

der Ihrige

Grimm.

VI.

Cassel 20. August 1812.

Verehrter Freund, ich habe seit Februar nichts von Ihrer werthen Hand gesehen und vermuthe fast, dass Ihnen ein Briefchen, das ich im Mai durch Einschluss absandte, nicht zugekommen ist. Vorige Woche habe ich endlich das im December abgegangene Paquet über Leipzig richtig erhalten, zugleich aber zu meinem grossen Ärger das von hier längst an Sie versandte wiederum zurück, mit der Bemerkung: dass Hr. Müller & Comp. sich weigere, die Besorgung zu übernehmen. Ich denke es indessen baldig dennoch hineinzubringen und zwar durch eine Privatgelegenheit. In dem Ihrigen fanden sich: Huydecopers Stoke 3 voll. Bilderd. Schwanritter — Vissers Naamlist — Grettingas Briefe 6ter Theil (Nachahm. der lettres persannes) — der hochd. Reineke, Frankf. 1571. 8 — Astrea, ein Band — an Volksbüchern: D. Faust, der ewige Jude, Zerstör. von Jerusalem, der leidensche Student — ein Blatt Edda (aus Schlözers Werk, das jetzt auch in Deutschland Maculatur ist, wiewohl es ihm keine Schande ge-macht hat, unter allen Bestreitern der Edda war er der Scharf-sinnigste, was soll ich Ihnen von dem neusten, Prof. Rühs in Berlin, sagen? dem Verfasser der schwedischen Geschichte; seine Schmähung prallt gegen einen Felsen und schädigt ihn wenig oder nicht, aber auch das Publicum soll hoffentlich wenig von dem

3*

bösen Einfluss leiden.) — Für alles sage ich wiederholt meinen
herzlichen Dank. v. Wijns huisz. Leven, davon wie ich sehe, eben
wieder ein Stück, das erste des 2ten Th. fertig geworden ist, war
nicht im Paquet, auch keine Nummer des Letterboden, wie Sie
voraus geahndet hatten, da Sie so gütig waren, mir sie mit der
Post vorauszuschicken. Es soll erschienen seyn: Taalkundige
Aanmerkingen op eenige oudfriesche Spreekwoorden, door J a c o b
H o e u f f t, Breda 1812. 15 Bogen in 8, welches ich wohl haben
möchte. Auch bitte ich zu erfragen: ob sich wohl noch im
dortigen Buchhandel findet: C ä d m o n i s monachi p a r a p h r a s i s
poetica geneseos edita a F r a n c i s c o J u n i o. Amstelodami 1655
(prostant Hagae comitum apud Adrian. Vlacq.) 4. 106 Seiten;
wenigstens ist es dort leichter bei Antiquaren und in Auctionen
zu treffen, als hier in Deutschland. Es ist ein ausgezeichnetes
Gedicht, das ich Lust hätte einmal wieder, wenigstens theilweise
herauszugeben, es interessirt mich aber auch jetzt schon höchlich,
des Zusammenhangs der isländ. Sprache und Poesie mit der angelsächsischen wegen. Ich bezahle es gerne mit mehrem Gulden.
Wenn ich aber daran denke, dass ich Sie schon im vorigen Brief
mit einer noch angelegentlicheren Commission geplagt habe,
(v. Wijns Fragm. v. Reinaert btr.) so bin ich betrübt, dass ich
Ihnen so wenig gegendienen kann, und beschämt, dass Sie mir
letzte Ostermesse wieder nicht durch Müller die Note Ihrer Auslagen zustellen lassen, damit ich wenigstens meiner leiblichen Schuld
nicht länger verhaftet bin. Seyn Sie also so gut, mir diesen
Freundschaftsdienst zu erweisen, ich kann auch wohl eine Assignation
nach Amsterdam geben, so brauchen wir die Buchhändler nicht.

    Göttingen hat neuerdings einen dreifachen Verlust erlitten,
der schwer zu ersetzen ist. Wer Heynes Stelle bekommt, ist
schwer zu entscheiden, Jacobs, Creuzer oder Böttiger? und ob sie
die ersteren so gern annehmen wie wohl der letztere? Villers hat
diesen Sommer mit Beifall über die französ. Literatur gelesen.
Allmälig stirbt doch die Georgia Augusta zusammen, aber blos
durch eins schon, wird sie erhalten, durch die Bibliothek, die nun
auch äusserlich einen gar schönen Saal aus einer alten Kirche bekommen hat. — Aus Berlin werden Sie sonst hören, und dass
Savigny auf eine ehrenvolle Art, an Fichtes Stelle, Rector der
Universität geworden ist, längst wissen. Mit der neuen breslauer
Universität scheint es dagegen nicht recht fort zu wollen. Aus
der neusten Literatur weiss ich nichts von sonderlicher Bedeutung,

ausser dass der zweite Band von Niebuhrs röm. Gesch und von
Creuzers Symbolik der vierte u letzte heraus ist. Mit dem Druck
meiner Arbeiten geht es zum Ärger schläfrig, doch muss ehstens
eine Abhandlung in 4. über die 2 ältesten deutschen Gedichte
(beide vorkarolingisch, aus dem achten Jahrh. und alliterirend)
ausgegeben werden. Ich werde versuchen Ihnen mit der Briefpost
sous bande, in zwei oder drei Sendungen ein Ex. zugehen zu
lassen, schreiben Sie mir nicht, dass es ankommt, so lege ich ein
anderes dem grösseren Paquet bei. Ich bin auch verlangend etwas
über Ihre Wiederanstellung zu hören, die nun wohl entschieden
seyn muss. Mit wahrer Hochachtung stets Ew. Wohlgeb.

gehors. Diener und Freund

Grimm.

Görres hat nach den göttinger Mss. den ganzen persischen Ferdusi
durchgearbeitet und wird einen Aufsatz darüber in Hammers
Fundgruben des Orients einrücken. · — Ich bin nun schon 3 latein.
Gedichten von Reinecke Fuchs auf die Spur gekommen.

VII.

Cassel 8. December 1812.

**Wohlgeborner, hochgelehrter Herr
hochgeehrter Freund.**

Ihre beiden reichen Briefe vom 13.—23. October und 30.
ejusd. haben mir herzliche Freude gemacht und besonders lieb u.
werth war mir die Ausführlichkeit, womit mich der erste über die
äussere Lage eines geschätzten Freundes unterrichtete und zuletzt
doch beruhigte; möge es Ihnen nun in Leiden immer besser gefallen und Sie in aller Hinsicht schadlos gehalten werden! hoffentlich werden Sie die Wahl nicht bereuen, dass Sie die doch
ruhigere Professur dem für den Augenblick vortheilhafteren, aber
selbst mit beschwerlichen Reisen verknüpften und Abwesenheit
von Ihrer Familie erfordernden Advocatenstand vorgezogen haben.
Es bleibt zwar aus jeder Veränderung und Prüfung etwas gutes

zurück und also auch dieses Gewinns werden Sie Sich erfreuen;
überdem hat jede neue Einrichtung, sobald sich die Bewegung
setzt, eigenen Reiz; ich brauche hier nur an das Zusammenleben
mit Ihrem würdigen Herrn Vater zu denken, dem ich mich herzlich
zu empfehlen bitte; eine Reise in das brave, fleissige Holland, das
sich gewiss sich selbst treu bleibt, gehört unter meine Wünsche
und es würde mir vor allem · wohlthun, auch Sie, werthester
Freund, aus Ihrem häuslichen Leben noch näher schätzen zu lernen.
Bis dahin müssen Sie nun aber so gut seyn, und mir fortfahrend
von dem, was Sie angeht, den Verlauf mitzutheilen. Mein Leben
hier geht schon seit einigen Jahren sehr einförmig und ist mit
Gutem und Bösen untermischt, doch mehr mit jenem, oder so,
dass ich mehr auf jenem hafte und dieses schnell abschüttele;
meine Dienstgeschäfte geben mir nur selten zu Klagen Anlass, zu
meinen Arbeiten habe ich Zeit, thue sie fast alle gemeinschaftlich
mit einem gleichgesinnten, geliebten Bruder und spüre mit Vergnügen und Hoffnung guten Fortgang darin; sonst sind wir beide
ganz ledig, haben nur eine Schwester, die uns haushält, zwei
Brüder in München, einen in Hamburg; manchmal wünsche ich
mir mehr Wohlhabenheit, doch ist mir das im ganzen gleichgiltig
und ich werde mir stets an ehrlichem Auskommen genügen lassen;
meine Besoldung ist 4000 Francs, allein es herrscht hier des Orts
eine grosse Theuerung.

Nun an die Beantwortung Ihrer Schreiben. Unter den gegebenen Adressen nach Lingen an Suringar und dann weiter nach
Franeker habe ich neulich ein Paquet Bücher absenden wollen,
aber die hiesige Expedition hat mir die Annahme verweigert, aus
Furcht, dass es von der Gränze wieder zurückgeschickt werde
wie schon in ähnlichen Fällen geschehen sey; man müsste denn
Certificate vom französ. Gesandten und Präfekten beilegen. Dieser
Weg ist mir zu umständlich, und ich lasse nun das Paquet in 10
bis 14 Tagen über Amsterdam abgehen, von wo aus Hr. v. Bilderdijk
hoffentlich leicht Gelegenheit finden wird, es Ihnen nach Leiden
zu schaffen. Sie werden darin finden: 1) den schon auf verschiedenen vergeblichen Reisen zu Ihnen gewesenen ersten Band
der Samml altdeutscher Gedichte. 2) ein Exemplar von Gräters
Odina Theil 1; der abgedruckte Reynaert ist darin bei weitem
das beste, und wie gar nichts er dafür ausser dem Abdruck gethan hat! das übrige gute ist entweder schon gedruckt, oder hier
schlecht gegeben; die Abhandlungen über nordische Mythologie

sind vollends geringfügig. 3) ein Exemplar der Ausgabe des Hildebrandslieds und weissenbrunner Gebets. Möge Ihnen einiges darin gefallen und seyn Sie so freundlich, uns Ihre aufrichtige Meinung darüber zu eröffnen. Vielleicht schikt es sich einmal, seiner Erscheinung kurz in dem Letterboden oder sonst zu erwähnen, so dass der Verleger auch einige Exemplare nach Holland abzusetzen hoffen darf, zudem es die gemeinschaftliche alte Sprache betrifft. Dass in der einzelnen Ausarbeitung manches unvollkommen geblieben ist, versteht sich von selbst, zudem sie aus andern Gründen etwas schnell erfolgen musste. 4.) ein Exemplar eben dieses Buchs für den würdigen van Wijn, dem ich auch beiliegend geschrieben habe und zwar offen, weil es mir lieb wäre, dass Sie den Inhalt des Briefs vorher entnähmen und billigten. Glauben Sie wohl, dass er mir das Fragment überlässt? und seyn Sie so gut, was meinen Gründen fehlt, durch Ihre Empfehlung hinzuzuthun. 5.) eine Ankündigung eines versuchten altdeutschen Journals, davon das erste Heft anfangs Januar ausgegeben wird, zur Verbreitung und Bekanntmachung in dortiger Gegend. — Ausserdem hat es hoffentlich an Fleiss nicht gemangelt. Der erste Theil der E d d a, enthaltend Text und Glossar, soll, so Gott will, noch zu Ostern fertig werden, der zweite (Commentar etc.) wird ein Jahr später erfolgen. Hagen in Breslau, der sich auch eine Abschrift verschafft hatte, schadet uns durch seinen rohen, fehlerhaften Abdruck wenig oder nichts, zudem er keine Übersetzung beifügte, oder vielmehr sie nicht liefern konnte. Meine spanischen Romanzen sollen auch gewiss noch zu Ostern auskommen; der Verleger (Vieweg in Braunschweig) hat das Ms. seit Januar in Händen und hat den Druck auf unerlaubte Weise von einer Zeit zur andern ausgesetzt, doch scheint es, dass er endlich Ernst zu machen gedenkt. Die auf mich gezogene Anweisung ist mir noch nicht präsentirt worden, es versteht sich von selbst, dass Müller die Reduction des Münzfusses so einrichtet, dass er nicht dabei leidet. Für die weiteren, seitdem für mich gemachten Empletten danke ich vorläufig herzlich Von Maerlants Spieghel historiaal wünschte ich doch gelegentlich einmal den ungefähren Auctionspreis zu wissen. Das altfriesische Gesetzbuch, Wassenberghs Beiträge und Hoeuffts neue Anmerk. werden mir gar willkommen seyn, obwohl ich Wiardas Asegabuch längst besitze. (Durch dieses hat er sich in meinen Augen weit mehr Verdienst erworben, als durch seine Ausgabe der Lex salica, wo sonderlich auf die schweren

malbergischen Glossen wenig Licht gebreitet worden.) Vor allem
ist mir der Kiliaan sehr lieb, zumal für den geringen Preis
von 3 Gulden, und vielleicht findet sich auch noch einmal der
Cädmon des Junius, worum ich früherhin gebeten hatte, wo nicht
in Buchläden doch in Vergantungen.

Ich habe v. Wijn gefragt: ob ich das Fr. von Ferguut wieder
zurückschicken muss? das Ganze verdiente immerhin den Druck,
wiewohl mich der Reynaert jetzt weit mehr interessirt. Aus den
einigen von Ihrer Hand zugefügten Anmerkungen kann man sehen,
mit welchem Interesse Sie diese Gegenstände betrachten. Mit der
abgewendeten Emendation bin ich ganz einverstanden. Ob das im
altholl. so häufige: wel geraect unser heutiges wohlgerathen
sey, möchte ich nicht geradezu annehmen, es scheint mir dieses
fast zu schwach für den Begriff, den jenes ausdrückt (homo om-
nibus numeris absolutus) raaken ist bekanntlich ein vielbedeutiges
Wort, eigentlich unser reichen porrigere, as. räcan, racan,
engl. reach, plattdeutsch: reken, raken, altdeutsch auch racchan,
isl. reikia. Mit der engeren Bedeutung jenes Beiworts mag
selbst reich (dives) und Recke (Held) verwandt seyn; und sogar
Recht (directum, droit, das gerade) mit dem altdeutschen raccha
== Sache, jenes Recke mit rex, regens, nur dass man hier keine
unmittelbaren Übergänge zu statuiren, sondern allgemein durch-
dringende Ausbreitung einer uralten Wurzel anzunehmen hat.

Für die interessanten Nachrichten zur Literatur der brabäntischen und holländ. Mundarten danke ich höchlich, und kann
daraus selbst zu Adelungs Mithr. manches ergänzen. Idiotica und
Grammatiken werden mir täglich nöthiger, und aus allen ist viel
zu lernen, selbst aus unkritischen, wie Schützes holsteinischem in
4 Octavbänden, das aber einen Schatz von Volksredensarten und
Sprüchen umfasst. Sonst sind die besten und fleissigsten ausser
dem bremischen das hennebergische v. Reinwald und das neuste,
das Schweizerlexicon von Stalder. Wir besitzen jetzt einen scharfsinnigen Sprachforscher Radlof (in München) der zu einer Pro-
vinzialgrammatik sammelt und voriges Jahr ein gutes Buch (die
Trefflichkeiten der süddeutschen Mundarten) herausgegeben hat;
wenn er nur nicht von einem unseeligen pruritus erfüllt wäre, nicht
nur alle Dialectformen, sondern noch mehr seine nach Analogie
gebildeten dreist in das gemeine Gut der Schriftsprache einzuführen.
Auf Bilderdijks neue Ausgabe van de Gesl. der Naamwoorden
freue ich mich sehr, und bin Ihnen überhaupt für die nähere

Bekanntmachung mit diesem Gelehrten Dank schuldig, aus dessen
Correspondenz ich noch manchen Vortheil und viel Vergnügen
zu ziehen hoffe. Die Recension in der hall. Lit. Z. ist indessen
nicht von mir gewesen. (Dabei fällt mir ein, dass ich Ihnen früher
von einer über Rasks isländ. Grammatik, die ich zu dieser Zeitung
gegeben, geredet habe, und da ich gerade ein doppeltes Ex.
davon besitze, bin ich so frei solches (sub no 6) dem Paquet bei-
zuschliessen.

Die tableaux synoptiques von Le Pileur habe ich noch nicht
gesehen, bin aber nicht sonderlich begierig; etwas ähnliches hatte
vorher der Buchhändler Schöll unternommen, aber dabei Adelung
und Eichhorn unter einander ausgeschrieben. Die Franzosen be-
gehren aber nach dergleichen Auszügen und Übersichten. Aus
Murrs bibl. gl. univ. ist natürlich nichts geworden und schwerlich
finden sich unter seinem Nachlass sehr viel brauchbare Collectaneen
für andere. Dagegen hat der geistreiche, fleissige Kanne ein Panglossum vor, von dem ich viel erwarte, sollte auch manches zu
gewagt und frei seyn; nur hemmt der Buchhandel jetzt alles.
Frank hat schon längst c. origo linguae german. aus dem persischen angekündigt, worin er mehrere tausende von Wörtern aus
beiden Sprachen vergleichen will; dergleichen Arbeiten sind stets
willkommen, wenn man auch manches gesuchte ausscheiden muss.
— Zahn der schon den Ulfilas edirt, will nun auch den Tatian
neubearbeiten.

Über Bausbak, von dem Sie eine Vertragslehre besitzen, weiss
ich nichts befriedigendes. Meusel T. 1 p. 74 giebt ausser den
Vornamen Joh. Georg, die wohl auf dem Titel stehen, blos den
Geburtsort Kitzingen (also im Wirzburgischen) an, nicht seinen
gegenwärtigen Stand und Charakter, auch keine weitere Schriften.
Was mich wundert, ist, dass sogar Ersch in s. Handbuch diese
genannte Schrift nicht einmal beigebracht hat. Mich interessirt
übrigens, wie Sie leicht denken, seines Namensverwandten $\gamma\nu o i$-
$\gamma\nu\alpha\vartheta o\varsigma$ Genealogie aus der Batrachomyomachie viel mehr, der man
noch weniger auf die Spur kommen kann. Denn ich denke ernst-
lich, auch dieses sehr gründliche und treffliche griechiche Gedicht
in den Kreis meiner Untersuchung über das Wesen der Fabel
zu ziehen.

Wenn ich übrigens in dem Briefe an Wijn bemerkt habe,
dass Sie so gütig seyn würden, jemanden für die Copie des Fragments auszumitteln, so geschah das zufolge Ihres freundschaftlichen

Anbietens in dem Brief vom 30. October. Die Ähnlichkeit mit Alkmaar ist zwar augenscheinlich, allein vom Zusammenfallen, wie Original und Übersetzung, sind beide Werke genug entfernt, so dass mich ein blosser Auszug nicht befriedigen kann.

Seit dem letzten Paquet habe ich kein weiteres erhalten, namentlich aus Leipzig nichts wieder, und vom huisz. Leven noch gar nichts, in Leipzig kann Hr. Müller, was er an mich hat, entweder Herrn Besson, Buchhändler daselbst abgeben, der es an Thurneisen Sohn hierselbst besorgen, oder an Buchhändler Kummer, der es an Krieger hierselbst befördern wird. Oder an irgend einen Commissionär der göttinger Buchhändler Dietrich und Röwer.

Der Transport des Archivs muss dem braven v. Wijn schwer genug werden und auch der Sache selbst schaden; er für seine Person wird keine Lust noch Beruf haben, nachzufolgen; Meermann hat sich wohl nach und nach in seine Versetzung gefunden, er hat neulich eine Brochüre über Peters d. Gr. Reise drucken lassen. Ich hoffe dass der gute Plan zur Ausgabe der unedirten altholländ. Dichter nicht stecken bleibt, und Ihrem Eifer wird dabei sicher ein grosses Verdienst zukommen. In Deutschland gehts noch besser als ich dachte, denn ich habe noch eben für Görres bibliotheca vaticana (davon ich sub 7. den Plan beilege) allein in hiesiger Umgegend 15 bis 16 Subscribenten gesammelt. Das Nationalisiren der Sagen und Fabeln geht freilich immerhin vor sich; ja es bedarf dazu nicht einmal der Annahme, dass die Dichter (Redactoren) das mit bestimmter Absicht g e m a c h t haben, sondern die Sache trägt sich heimlich und wie von selbst zu. Es findet daher unter den Mythen ein ähnliches Verhältniss, als bei den Sprachen statt, deren unzählige, lebendige Verzweigungen sich bei gründlicher Untersuchung immer mehr auf eine uralte Quelle zurückleiten lassen, und es gibt folglich dieselben Erscheinungen wie dort mit edlen und unedlen, reichen und armen Dialecten. Ich zweifele nicht, dass der Grund unserer alten Poesien von Siegfried, den Nibelungen etc. schon aus Asien eingewandert ist, das Nationale und Provincielle darin zu verfolgen bleibt gleichwohl eine der angenehmsten, wie der schwersten Forschungen. Dass sich in Holland und Brabant bishero auch gar keine Spur dieses grossen Epos wieder aufgefunden hat! Dies scheint mir auch ein sichtlicher Schaden der Rederijkkammern gewesen zu seyn, dass sie durch ihre abgeschmackte Reimereien, die nun vollends jetzt nicht wieder anfangen sollten, manches kräftige, vaterländische

Lied verdrängt haben mögen. Mit unseren Minne- und Meister-
sängern war es ein ähnliches und nur sonst anderes.

Neuigkeiten habe ich wenige; mit Göttingen hapert's etwas,
Heynes Platz ist noch ledig, man sprach von Jacobs in Gotha; an
Goedes Stelle ist Bauer aus Marburg versetzt, ein mittelmässiger
Docent, der sich nur mit unbeneidenswerthem Eifer auf das neue
Recht geworfen hat. Hugo ist noch der alte, feine und mitunter
faule; ein Freund von mir, der lange hier war, D. Sieveking, ein
Hamburger, liest jetzt dort mit grossem Beifall über florentinische
Geschichte, auch hat er eine kleine Schrift über die platonische
Academie zu Florenz drucken lassen. Savigny hat mir neulich
sein Porträt gesandt, das die Studenten ihm zu Ehren und Andenken von dem geschikten Kupferstecher Bolt stechen lassen; es
ist auch in vielen Zügen ähnlich, nicht in allen; und ein anderes,
das mein Bruder in München, der hoffentlich ein recht geschikter
Kupferstecher wird, wo nicht schon ist, vor einigen Jahren machte,
dazugehalten, kann man sich schon etwas gutes zusammensetzen.

Ich bin mit herzlicher Hochachtung und Freundschaft der
Ihrige

Grimm.

VIII.

Cassel 28. Febr. 1813.

Sehr werthgeschätzter Herr und Freund.

Auf Ihre beiden neulichen Briefe, die mir sehr lieb waren, eile
ich unter mancherlei Zerstreuungen und Arbeiten, nur das Haupt-
sächlichste zu antworten, und behalte mir das meiste und beste
für künftig vor. Der Steenwinkelsche Catalog war mir äusserst
interessant, und noch den selben Tag, wo ich ihn erhielt, habe
ich Commissionen an Herrn Kaufmann Bade nach Harderwijk ab-
gesandt, fürchte aber gleichwohl damit lange zu spät gekommen
zu seyn. Wenigstens bleibt mir dann die Hoffnung, dass die von
Ihrer gütigen Vorsorge bedachten Nummern eingehen werden.
Gleich den L y e und I h r e (pag. 1 n^{is} 20 und 3) hätte ich sehr

gern erstanden, das ganze ist eine schöne Sammlung, wie sie, in
Deutschland wenigstens selten vorkommen wird.   Was ist das
Beka und Heda, hist·ultrajectina 1643 (p 6 no 157), doch wohl
über die utrechtsche Specialgeschichte? Die neue Ausgabe des
Schuerenschen Teuthonista Leiden 1804. 4 (p. 14 no 230) war mir
ganz unbewusst, bis ich sie auch nun in Ihrem letzten Brief berührt
fand, erst vorigen Sommer hatte ich mir das Göttinger Exemplar
des (so unbequemen) alten Drucks excerpirt, aber nur auf 4 Bogen,
so dass ich manches zurücklassen musste; in der neuen Ausgabe,
die hoffentlich eine Bearbeitung ist, hat viel unnütz wiederholtes
abgeschnitten werden können, und ich freue mich darauf.

Die liebste Nachricht, wie Sie denken, war mir am Schluss
Ihres Letzten die, dass mir v. Wijn den Reynaert bewilligt hat;
danken Sie ihm mit erster Gelegenheit vorläufig herzlich in meinem
Namen, ich aber danke auch Ihnen nicht weniger, denn ohne Ihre
Fürsprache würde ich schwerlich dahin gekommen seyn. Die Abschrift seyn Sie so gütig, wie sich versteht ganz auf meine Kosten,
besorgen zu lassen, und der guten Sache wegen unter Ihre be-
sondere Obhut zu nehmen; bei der demnächstigen Absendung
hierher aber, sie nur einer guten Gelegenheit anzuvertrauen, weil
der Verlust solcher Sachen doppelt fühlbar wäre.   Nunmehr gebe
ich Ihnen genau an, was ich schon durch Wijns frühere Mittheilung
besitze und wieder zu copiren überflüssig wäre:

das Fragment hebt an Bl. XXXIII. verbis: «nu fprac tot hē
die apijnne»

von Zeile 1—176 incl. besitze ich Abschrift. Z. 175. 176 —
lauten nämlich:

> die toen worden hantghemeen
> die wolf quam toe myt groten nyde.

von da an wäre zu copiren bis Seite XXXVIII und zwar bis
Zeile 58 von hinten an, denn die 58 letzten Zeilen habe ich.   Zu
mehrerer Deutlichkeit führe ich die ersten Zeilen an:

> 58. Bernaert eñ syn mage te zamen
> 57. ghengen soe lange dat si quamen
> 56. tot syn borch te Maelpertuus.

ad versum 58 merke ich an, dass v. Wijn deutlich Bernaert
schreibt, sollte aber im Ms. nicht Reynaert stehen? Überhaupt
wäre es gut, wenn Sie das Originalms. noch so lange behalten
können, bis ich demnächst die Abschrift durchgesehen, um bei
mir aufstossenden Zweifeln darauf zu recurriren.

Scheltemas Liste von Liederbüchern war mir recht will-kommen, (muss ich sie zurücksenden?) ich besitze von allen darin genannten kein einziges Stück, wiewohl mir einige, namentlich das Geuze liedeboek bekannt waren. Die interessantesten möchte ich zu wohlfeilen Preisen gelegentlich acquiriren, am inter-essantesten sind mir aber allemal die, worin Brocken vom alten epischen Gastmal vorhanden seyn könnten, an blos lyrischen Gedichten liegt mir weniger; ich meine daher sonderlich sogenannte alte Volksromanzen und Balladen, wie der mehrbesprochene griechische Jäger, den ich im ostindischen Theebom fand, war. Fänden sich in Hrn. Scheltemas Sammlungen und Exem-plaren solche Lieder, so würde mir durch deren Abschrift der liebste und grösste Gefallen geschehen. Es werden aber wenige vorhanden seyn, und schwerlich haben andere Nationen in diesem Fach Schätze gleich den Schotten und Dänen. Meine holländ. Liederbücher sind entweder jüngere Sammlungen oder Ausgaben unter verändertem Titel, sehr viele der darin enthaltenen Lieder aber auch späteren Ursprungs. Es sind folgende:

1.) de groote nieuwe hollandsche Bootsgezel. Amsterd. by de Erven de Weduwe Jacobus van Egmont. s. a.

2.) de nieuwe vermaakelyke gaare-keuken. Amsterd. by Kannewet. s. a.

3.) de Marsdrager of nieuwe Tover Lantaren. Amst. by Kannewet 1754.

4.) de vroolyke Jonkman of de twee verliefde Gezelletjes. Amst. by Rynders s. a.

5.) het vernieuwde Liederbook van de Hond in de Pot. Amst. by Köne 1790.

6.) de schreeuwende Kat — soe op zyn wagen. Amsterd. by d'Erve van der Putte 1793.

7.) de oostindische Theebom

8.) de opregte Zandvoorder Speelwagen

9.) de nieuwe Amstelamsche Buytenzingel

10.) de vrolyke Nederlander.

11.) de amsterdamsche Kermisvreugd.

12.) en geheel nieuw Liederboek van het Roosye

13.) de gelukkige Visser op de amst. Losbol.

14.) de nieuwe oostindische Roozeboom

15.) het vermaakelyke vrouwe tuyntje

alle bei
Köne s. a.

Mittlerweile ist, wie ich hoffe, mein Paket über Amsterdam durch

Bilderdijk richtig bei Ihnen angelangt, es fällt mir bei, dass der Band altd. Gedichte zum Theil verbunden war, und Sie ihn also vor dem Lesen zurecht heften lassen müssen. Ihre Anweisung ist mir endlich präsentirt worden und ich habe sie acceptirt; seitdem aber bin ich Ihr viel grösserer Schuldner geworden.

Bilderdijks gelehrte Anmerkungen zu der Recens. v. Rask haben mich mannichfach unterrichtet, ich fühle wohl, dass ich dem Reichthum seiner gründlichen Kenntnisse weit nachstehe, allein jene Arbeit war auch gleichsam mein erster Versuch, einem speciellen Studium altdeutscher Sprache allgemeinere Anwendung zu erlauben. Vielleicht, wenn ich erst noch einige Jahre fortarbeite, kann ich dann einmal sicherer und deutlicher werden.

Auf B. Gesch. der niederländ. Sprache kann niemand in Deutschland als ich begieriger seyn. Im Dec. v. J. habe ich an ihn geschrieben. Le Pileurs Buch ist mir seitdem auch zugekommen und gefällt mir besser als die Recens. davon in französ. Journalen, ich hatte ihm also unrecht gethan.

Erwarten Sie einen längeren und besseren Brief als diesen eiligen, und bleiben Sie freundlich und gütig zugethan Ihrem Sie aufrichtig hochachtenden Diener und Freund

J. Grimm.

N. S. eben spreche ich Villers hier, der mir sagt, dass weder er selbst, noch durch Hugo, den latein. Brief mit dem Paket erhalten; so müsse auch einer von ihm an Sie verloren seyn; er lässt grüssen. 3. März.

IX.

Cassel 22. April 1813.

Werthgeschätzter Herr, theurer Freund.

Den herzlichsten Dank statte ich Ihnen für die richtig eingetroffene Abschrift des v. Wijnschen Fragments, die ich als ein wahres Muster von Gefälligkeit und Genauigkeit rühmen muss, so dass sie allen meinen Wünschen entspricht. Viel Worte darüber

zu machen, haben Sie mir selbst gleichsam abgeschnitten und da
Sie zum Glück meinen Eifer in diesem Fach kennen, zu dessen
fleissiger Bearbeitung ich immer mehr ermuntert werde, sollen Sie
hoffe ich dennoch von meiner erkenntlichen Gesinnung überzeugt
seyn. Ich habe in diesen unruhigen Tagen noch keine Zeit gefunden, das Bruchstück durchzulesen und mit der alten Prosa zu
vergleichen; der Krieg wird ohnedem das Werk dieses Jahr nicht
zurecht kommen lassen und wer weiss, wie viel selbst zum Druck
fertig gearbeitet werden kann. Danken Sie doch auch vorläufig
dem edlen v. Wijn in meinem Namen für die schöne Gewährung
meiner Bitte; es versteht sich von selbst, dass ich ihm und Ihnen
von dem ganzen Werk, das ich ungefähr auf 3 starke Octavbände
berechne, die schuldigen Exemplare übersende.

Ich kann heute nicht einmal zu einem r u h i g e n Brief kommen,
noch viel weniger Ihren letzten wie ich sollte und möchte, beantworten. Der Krieg war uns noch vor wenigen Tagen ziemlich
nahe und ein Corps Russen und Preussen bis nach Nordhausen
vorgestreift, das sich jetzt aber wieder zurückziehen muss, seitdem
Ney aus Franken in Sachsen dringt und dem Gerücht nach schon
in Leipzig, wenigstens in Erfurt eingetroffen seyn soll. Doch will
ich nicht mit Zeitungsnachrichten den Raum verderben, wiewohl
uns der Ausgang der Sache noch mehr am Herzen und Tag und
Nacht im Kopfe liegt und wir Gott bitten, dass er über uns walte.

Wie es unter diesen Umständen dem von Ihnen abgesandten
Bücherpaket gehen wird, steht dahin, wenn es nicht anders in
Amsterdam geblieben ist. Ich freue mich auf seinen Inhalt und
werde die auf mich gezogene Anweisung sogleich honoriren. Sie
erwähnen nicht, dass der K i l i a n und einige andere Bücher, die
Sie mir nach einem früheren Schreiben auch gekauft hatten, darin
befindlich ist, daher ich muthmasse, dass Sie diese schon vorher
an den Buchhändler abgegeben. Zugleich melde ich Ihnen nach
Ihrem Verlangen, dass ich Müllers letzte Anweisung mit 9 Thlr.
19 Gr. sächs. an Fleischer in Leipzig bezahlt habe. Bade aus
Harderwijk schreibt mir, dass ich aus Steenwinkels Auction nichts
erstanden habe, weil ich zu spät kam. Vielleicht hätte ich auch
ohnedem mit meinen zu geringen Commissionen wenig ausgerichtet,
da die Bücher über Erwarten theuer abgegangen sind. Wohlfeiler
kann man nicht kaufen, als ich hier in einer Vergantung neulich
Ekharts Francia orientalis, 2 Folianten mit vielen Kupfern, in
Saffian mit Goldschnitt und auf Schreibpapier — alles für 12 Gr.

(oder etwa 2 Francs). Die seltenen Werke von Wormius erstand ich
für 7 Gr., da sie doch ebensoviel Thaler werth sind. Ich glaube
in Holland sind doch noch mehr Bücherliebhaber, wenigstens mehr
begüterte, als in Deutschland verhältnismässig. Mit der Unterzeichnung auf Bilderdijks hist. der nederd. tael bin ich sehr zufrieden, nur hätten Sie die 7 F. gleich auf meine Rechnung setzen
sollen; bitte es aber bei der nächsten Anweisung nicht zu versäumen. Da das Werk doch nicht sobald erscheint, ist mir immittelst Ypey gewiss von Nutzen und verdient die Ausgabe von
4 Fr. 16. ausserdem ersuche ich mir ein Exemplar der neuen
leidener Edit. des Teuthonista zu kaufen, welches sich leicht
im Buchhandel finden wird. Von Bilderdijk habe ich zwei ge-
wichtige Briefe vor mir liegen; wenn er nur nicht übelnimmt, dass
ich nicht sogleich antworte, denn ich möchte es gern gründlich
und kann unter den mannichfaltigsten Geschäften nicht zu Athem
kommen. Es ist für mich sehr viel von ihm zu lernen und ich
bin durch seine ausnehmende Gütigkeit mehrmals beschämt worden.

Von Berlin bin ich nun fast schon ein Vierteljahr gänzlich
abgeschnitten und möchte wohl wissen, wie es dem guten Savigny
und anderen ergangen ist. Die Universität wird ganz niederliegen.
aber auch die Georgia Aug. wird ihr Sommersemester mit Noth
und Zagen anfangen. Die mir aufgetragenen Commissionen will
ich thunlichst besorgen. Nehmen Sie heute mit diesem wenigen
freundlich vorlieb und seyn Sie meiner unveränderl Hochachtung
und Anhänglichkeit gewiss.

T. T.

Jakob Grimm.

Die Berliner Ausg. der Nibel 1783. 4 (in der Müllerschen
Samml.) ist jetzt völlig antiquirt; und Hagens bessere (Berlin 1810.
b. Hitzig in 8.) ohnedem leichter zu haben   A. W. Schlegel
hat eine Bearbeitung versprochen, die aber vor einigen Jahren
nicht erscheinen wird; hüten muss man sich, vor einer kürzlich
erschienenen von Hinzberg, München 1812 und einer noch be-
vorstehenden von Büsching (Amsterdam — d. i. Altenburg-
Industriecompt.) — Goethe hat in der Freimaurerloge eine schon
gedruckte Rede auf Wieland gehalten, die mir mehr den Worten
als der Sache nach gefällt. Ich lege Ihnen die Abbildung einer
zu Weimar auf ihn geprägten Medaille bei. — Von Schellings

Zeitschrift f. Deutsche sind schon 2 Hefte fertig, ich habe blos das erste gelesen, worin ein wichtiger polem. Aufsatz gegen Eschenmayer über das Wesen seiner Philosophie. — Die beste Rec. vom Bundeseid de 842 lieferte K o p p in den Heidelber. Jahrb. 1809 (Hildebrandslied p. 22 not. *), die Göttinger Papyrusurkunde von 807 (ibid. p. 27) ist ein Diplom Papst Stephans, inhaltlich von wenig Werth.

Sonst haben sie in Göttingen auch P a p y r u s fragmente mit Uncialschrift, wie das Pandektenfragment etwa. (vid. Niebuhr röm. Geschichte Band 2. 541.)

X.

Cassel 31. Juli 1813.

Sehr werthgeschätzter Herr u. Freund.

Seit Ihrem letzten vom 5. April bin ich ohne Nachrichten von Ihnen, aber auch in der Schuld, ausser einer kurzen Antwort, die Sie noch denselben Monat erhalten haben müssen, nicht weiter geschrieben zu haben. Die literarischen Arbeiten ruhen äusserlich fast ganz und der berliner Verleger, der den Reineke F. übernommen, kann, selbst während des Waffenstillstandes nicht einmal schreiben, geschweige ich ihm Ms., zusenden. Alles wartet auf bessere Zeit. Mein altdeutsches Journal allein vegetirt fort, und hat es zu sieben Heften gebracht, zählt aber, da es nicht ordentlich versendet werden kann, nur wenig Abnehmer, inzwischen soll es das Jahr nun aushalten. — Ihr Paquet ist, wie vorauszusehen, nicht angekommen und wohl noch in Holland geblieben; die mir aufgetragenen Pränumerationen werde ich besorgen; ersuche aber ebenfalls, wenn,sie gefodert werden, 5 Fl. 5 St. holl. für den dritten Band Maerlants Sp. H. vorzuschiessen und mir in freundliche Rechnung zu bringen. — Unsere traurigste öffentl. Neuigkeit ist die im Anfang d: Monats erfolgte Aufhebung von Halle, wodurch ausser andern Instituten auch die allg. Lit. Zeitung leiden dürfte; bisher ist über die Wiederanstellung der Professoren noch nichts bekannt; wenn Schütz nicht die Lit. Z. dennoch fortzusetzen und

4

in Halle zu bleiben gedächte, würde er, denke ich, an Heynes Stelle rücken. Vor andern thut mir Sprengel mit dem botanischen Garten leid; viele der besten waren früher schon ausgewandert. Von ausgezeichneten neuen Büchern steht auch wenig zu melden; Schellings allg. Zeitschrift Nürnberg b. Schrag zählt schon 4 dicke Hefte, worin manche recht gute Aufsätze, namentlich eine um- ständliche Critik der Hagenschen altd. Gedichte (in 4) welche mit Recht als eine zweite verbess. Auflage derselben kann betrachtet werden. Ich liefere dann leicht eine dritte dazu. Durch die Zöge- rung des Drucks gewinnt (oder verliert?) mein eddisches Wörter- buch, indem es, immer weiter ausgearbeitet, und beispielbelegt aus einem Anhang von 100 S. zu einem eigenen Band anwächst. Doch mag es auch einiges fruchten, womit ich zufrieden bin. Der mir gemachte Vorwurf, dass die comburg. Hs. schon vor 1811 bekannt gewesen, trifft mich nicht; denn ich, noch alle andere hatten die Anzeige in der Ecke eines Int.blatts von 1806 be- merkt (ich habe sie noch jetzt nicht nachgesehen.) Wekherlins Beitr. führen zwar auf dem Titel 1811, erschienen aber erst 1812. In meinem nächsten hoffe ich eine Liste aller mir im Reynaert Vos bedenklichen Wörter zu übermachen, und mir Ihren Rath darüber zu bitten. Sehen Sie also diese paar Zeilen nur als einen blossen Beischluss an (da ich gerade Bilderdijken wegen der Maer- lant Subscript. schreiben musste) und antworten Sie mir nicht eher, bis ich mit etwas besserem komme. Mit wahrer Hochachtung und Freundschaft

T. T. Grimm.

XI.

Wien 5. Mai 1815.

Verehrter Freund.

Zu keiner andern Zeit und unter keinen andern Umständen würde ich mich über mein langes Stillschweigen auf Ihre beiden freundlichen Briefe vom 21. u. 29. Dec. 1814 entschuldigen können, weder im Angesicht Ihrer, noch vor meinem eigenen Gewissen.

Bis zu Ende Februar wartete ich nur auf die Vollendung meiner Abhandl. von der Irmenstrasse, welche ich, nebst der im Januar fertig gedruckten Ausgabe der altspan. Lieder meinem Schreiben beifügen wollte. Endlich waren diese Beilagen zu stand, und der Brief brauchte blos geschrieben zu werden, als das neue Unheil von der Insel Elba über uns hereinbrach und die Auftritte unter dem noch heilloseren Franzosenvolk alles Sinnen und Trachten auf sich zogen, darüber auch der ganze Congress in neue, unerwartete Arbeiten verwickelt wurde. Also bin ich während dem März und April kaum zu Athem, geschweige zu Ruhe, gekommen, sondern von einer Sorge und Noth in die andere gestürzt worden, denn zu der Angst um den neuen, schweren Krieg, wo wieder alles unser höchstes auf dem Spiel steht, zu dem Verdruss und tiefen Kummer über den verkehrten und undeutschen Gang und Geist des Congresses, den ich leider in der Nähe anzusehen verdammt war, traten noch der unerwartete Todesfall einer vielgeliebten Tante, die Ungewissheit über das Schicksal dreier meiner Brüder und die Verschlimmerung meiner Gesundheit, auf welche das unordentliche Leben in der Fremde und der Widerwille gegen meine Dienstarbeiten so nachtheilig gewirkt hat, dass ich alles Ernstes daran denke, mich so bald als möglich, es koste was es wolle, aus dieser Laufbahn loszureissen.

Meine Klage ist mannigfalt, ich will sie nicht weiter aufwickeln, sondern Ihrer gütigen Freundschaft zutrauen, dass Sie selbst die Unvollkommenheit des gegenwärtigen Schreibens, das ich länger hinzuhalten nicht mehr übers Herz bringen kann, nachsichtig aufnehmen werden. In vier bis sechs Wochen, so Gott will, geht hier alles auseinander und ich erlange den nachgesuchten Urlaub oder Abschied; von Cassel aus denke ich Ihnen dann umständlicher und besser zu melden von unsern Plänen, Arbeiten und Vorhaben, nach Cassel bitte ich Sie auch Ihre Antwort zu richten.

Hierbei sende ich Ihnen 1) meine Silva de romances viejos 2) meine Abhandlung über die Irmenstrasse. 3) sechs Exemplare eines Circulars wegen Aufsammlung der Volkspoesie. Hierauf werde ich hernach kommen; über No. 1 weiss ich wenig zu sagen, selbst die in spanisch versuchte und wohl incorrect gerathene Vorrede war schon vor mehreren Jahren so niedergeschrieben; aus Verdruss nahm ich dem mich überlang betrügenden und belügenden Verleger mein Ms. ab und habe hier zu Wien einen anderen gefunden, der es schnell im Dec. und Jan. druckte, freilich mir nicht das geringste Honorar zahlen konnte. Den vielleicht eben so starken Commentar gedenke ich in den altdeutschen Wäldern nach u. nach, jedoch in deutscher Sprache zu liefern; fertig ist er grösstentheils.

Was Num. 2 belangt, hoffe ich wird mir das holländ. Institut meine Freiheit zu gute halten, um so mehr, als ich beabsichtigen wollte, dass auch von niederländ. Gelehrten die dunkele Landsage von Vroen Bronelden Strait (pag. 53) aufgehellt werden möchte. Vielleicht ist es schon geschehen, ohne dass es mir bekannt. Was ich weiter zur Entschuldigung dieser meiner kleinen, gewiss un-vollkommenen, Abhandlung sagen möchte, will ich Hrn. Bilderdijk schreiben und den Brief offen lassen. Ich würde noch Exemplare für die Hrn. v. Wijn und Hoekstra beilegen, wo ich nicht fürchtete, das Paket möchte zu dick werden.

4) lege ich für Sie bei das verlangte Heft von Schlegels Museum, worin ein von mir Ende 1812 geschriebener Aufsatz über Mythos und Epos. 5.) eine Critik der Göttlingischen Schrift über die Nibelungen, die ich Dec. 1814 zu der hiesigen Literatur Ztg. geliefert habe.

Nicht mitsenden kann ich den diese Ostermesse fertig ge-wordenen ersten Theil unserer Edda, weil ich selbst noch kein Exemplar davon aus Leipzig empfangen; ebensowenig den zweiten Band der vorigen Winter zu Berlin erschienenen Kinder- und Hausmärchen Melden Sie uns doch, w i e v i e l Exemplare Sie wollen, dass wir Ihnen vom armen Heinrich übermachen sollen, welche Sie in Holland unterzubringen Gelegenheit finden würden. Das dafür einzunehmende Geld können Sie mir in Rechnung zu gut halten.

Zu No. 3 habe ich folgendes zu bemerken. Im verwichenen Januar, als wir, mehrere Deutsche aus beinahe allen Landstrichen zusammen waren und auf die Wichtigkeit getreuer Sammlung der Mundarten, Sagen und Lieder unseres Volks vielfache Rede kam, überzeugten wir uns, dass alles das nur mit vereinten Kräften zu erreichen sey, verbanden uns zu einer gesellschaftlichen Betreibung dieses Zwecks und liessen ein Briefcircular drucken. Dieses ist so eingerichtet, dass das beste, nächste und vertraulichste jedesmal hinzugeschrieben werden sollte, nämlich dass jeder Theilnehmer oder jedes Mitglied in eigenem Namen nun weitere Schreiben aus-liesse und ihnen so viel Erläuterungen beifügte, als für den be-

sonderen Fall gut und erforderlich wären. In der Absicht, dass
in Niederland u Holland vor allen Dingen reichlich gesammelt
werden müsste und da ich über den Gegenstand selbst schon
mehrmals mich mit Ihnen unterhalten hatte, bin ich so frei gewesen, Ihnen einen solchen Brief zuzuschreiben und 5 andere
Exemplare mitzuschicken, welche Sie an solche, die Ihnen in Holland am empfänglichsten für unsern Zweck zu seyn scheinen,
gütigst in Ihrem Namen weiter austheilen möchten. Es will diese
Gesellschaft gar nichts öffentlich bedeuten, sondern anspruchlos
im Stillen sammeln; zu vorläufigen Archivaren sind wir beide
Brüder bestimmt, und blos die Namen der Theilnehmer und Correspondenten werden in ein Büchlein, nebst Datum und Provinz eingetragen. Sammlungen und Beiträge werden für jede Provinz an
einem Mittelpunkt gelegentlich zu Ersparung des Porto angenommen
und von da wiederum am besten durch Buchhändlergelegenheit
nach Cassel, Adresse Bibliothekar Grimm, befördert. Ich hoffe
also, werthester Freund, Sie werden mir nicht übelnehmen, dass
ich für Holland vor allen anderen an Sie zuerst gedacht und Sie
gebeten habe, so viel es Ihre andern Geschäfte erlauben, für den
Zweck aus der altdeutschen Volksdichtung alle Überbleibsel zu
retten, nicht nur mitzuwirken, sondern ihm auch weitere Freunde
und Verbreiter zu gewinnen. Die Gesellschaft ist so unscheinbar
und unvornehm, dass ich es nicht wage, an v. Wijn (der zu alt ist)
noch an Bilderdijk Briefe zu senden. Letzterem möchte das ganze
nicht förmlich genug dünken, und er ist auch wohl durch seine
Lage ausser Stande, thätig mitzuwirken; in seinen Briefen, gestehe
ich, macht er mir zu viel Complimente, so dass ich nicht recht
daran glauben kann. Am geschicktesten bei uns in Deutschland
sind die Landgeistlichen; vielleicht auch in Holland; Ihren Zu-
hörern unter den Studenten beim Abreisen in die Ferien könnten
Sie vielleicht auch zuweilen mündlich die Sache empfehlen, denn
auf die Niederschreibung der von Bürger und Bauer noch erzählt
und gesungen werdenden Märchen und Sagen ist es zumeist und
mehr als auf die schriftlichen Denkmäler des Alterthums abgesehen.
Letztere sind den eigentlichen Gelehrten nicht entgangen, wogegen
diese bisher verachtet haben, was mündliche, gemeine Tradition
heisst. Allein sie wird sich schon einmal selbst zu Ehren bringen,
sobald man sie zu achten anfängt, es verhält sich damit wie bei
der Sprachforschung. Ein heutiger Volksdialekt begreift oft
mehr alte und wichtige Wurzeln in sich, als ein im 13. u. 14. Jh.

aufgeschriebenes Gedicht. Gleichergestalt wissen unsere Bauern noch Fabeln, die sich an ein viel höheres Alterthum schliessen, als alles, was die Meistersänger gedichtet. Der Grund ist begreiflich. So finden sich in n e u g r i e c h i s c h e n Volksliedern (davon auf Mitveranlassung unserer Gesellschaft hoffentlich bald eine merkwürdige Sammlung in Original u. Übers. erscheinen wird) homerische, epische Spuren, die man bei Euripides, Sophocles natürlich nicht zu suchen noch zu finden hat. Über das altepische Wesen der spanischen Romanzen denke ich ein umständliches Capitel zu schreiben.

In diese Pläne alle hat nun der ausbrechende Krieg einen hässlichen Strich und Stillstand gebracht. In die meisten Gegenden Deutschlands sind zwar Briefe versandt; Sie werden es aber selbst am besten ermessen, ob Sie jetzo in Holland einige austheilen mögen oder damit noch anstehen wollen, bis in ruhigere Zeiten; aus diesem Grund sende ich auch wenige Exemplare, deren Sie so viel nachbegehren können, als Ihnen beliebt und gut scheint.

In Deutschland sind wir des besten Muths, und voll Vertrauen auf Gott, dass er unsere Sache nicht fahren lassen, sondern den bösen Feind nochmals stürzen wird. Unsere Diplomaten und Minister sind meistens noch von der alten, dem Volksgeist noch nicht zuheimisch gewordenen Generation, darum konnte viel gutes u. frisches unter ihren Händen nicht gedeihen; auch sie und die Fürsten, bei denen noch manche Herzenshärtigkeit und Sauerteig steckt, wird die Zukunft milder, reiner und deutscher machen. Die Meinung und Stimme des Volks hat Görres im rheinischen Merkur treulich und ohne Scheu laut werden lassen, diese Zeitung ist eine der tugendhaftesten und geistvollsten, die je geschrieben worden sind und hat grosse Wirkung in unserm ganzen Land gethan. Mitunter hätte sie klarer seyn, mitunter weniger tief einschneiden sollen, wer vermag aber in einer hochbewegten Zeit ruhig alle Worte zu wägen und abzumessen; auch ist sie keinmal verschlossen gewesen für Berichtigungen der unvermeidlichen Irrthümer. Dem Herausgeber hat sie alle seine Zeit verzehrt u. an die Bibliotheca Vaticana war jetzt nicht zu denken. Unter den übrigen zahllosen Flugschriften ist eine der trefflichsten die niebuhrische über Preussen und Sachsen (Berlin Realschulb.).

Von Savigny werden Sie seitdem selbst unterrichtet worden seyn über seine vorhabende und bereits angefangene Zeitschrift für

Rechtswissenschaft. Ich habe auch zwei Aufsätze dahin geliefert, weiss jedoch nicht, ob sie schon gedruckt worden; beide sind aus dem deutschen Recht, das ich mit Lust und Eifer fortgesetzt denke zu bearbeiten. Unsere plattdeutschen Germanisten haben von jeher die oberdeutschen weit übertroffen, die niederländischen werden auch ungleich gelehrter in Alterthum und Sprache gewesen seyn, aus diesem Grund wünsche ich sehnlich sie genauer kennen zu lernen und bitte mir von Ihrer Freundschaft eine Nachweisung der besten darüber nachzulesenden Schriften aus, bin auch vor allem auf Ihr offenherziges Urtheil über jene beiden Aufsätze begierig. Von Savignys Rechtsgeschichte ist nun der erste Band heraus, jeden Tag erwarte ich ihn von Berlin, und freue mich sehr, ihn zu lesen. (Seine Abhandlung über den Beruf unserer Zeit zur Gesetzgebung kennen Sie doch?)

Das von Hrn. D. Bunsen besorgte Pack Bücher hat mein Bruder wie er mir längst geschrieben, zurecht empfangen; leider aber ist das frühere bereits 1813 von Ihnen besorgte immer noch nicht angelangt und ich bitte Sie inständig bei Sulpke nachzuforschen, woran das gelegen. Es waren Ihrer Angabe zufolge darin: Maerlant 3. Ypey. Teuthonista. v. Wijns Avondst &c. namentlich die Schrift von Hooft (ni fallor) worin über friesische Eigennamen und worauf ich besonders warte. Es wäre mir höchst leid, wenn das alles verloren seyn sollte. Unterdessen bin ich beschämt, dass ich erst so spät Ihre gütige Auslage berichtige, indem ich beifolgend einen Wechsel über 50 Gulden holländ. auf Goll et Comp. in Amsterdam anschliesse. Haben Sie die Gewogenheit dessen Auszahlung baldig zu melden, und mir entw. das zuwenige nachzufordern, oder das zuviele bis auf die Zukunft zu gut zuhalten. In Ihrem letzten Schreiben sind blos 32 f. 16 angegeben, ich weiss aber nicht, ob nicht noch frühere Posten rückstehen. Für Ihre Mühewaltung und vielfache Güte hier nochmals meinen herzlichsten Dank.

Die wichtige Spur der niederländ. Nibelungen weiter zu verfolgen, hat mein Bruder bereits Sie, v. Wijn u. Hoekstra aufgemuntert und ich brauche sie Ihnen nicht erst noch dringender ans Herz zu legen. Mehrerlei zusammentreffendes hatte mich längst überzeugt, dass auch das Volksbuch von Hornsiegfried flamländisch und vielleicht daraus auch französisch existirt hat, vielleicht gar gedruckt war im 16. Jh. Kein Literator weiss aber davon und ein glücklicher Zufall muss uns weiter leiten.

An den gütigen Hrn. Scheltema schreibe ich noch, wenn ich
Zeit dazu gewinnen kann, um nach Verdienst zu antworten, müste
ich daheim und ruhig seyn. Auch die verlorene Wörterliste aus
v. Wijns Fragm. v. Reynaert kann ich erst zu Haus wieder auf-
setzen. Von den altd. Wäldern müssen auch einige Hefte fertig
geworden seyn, die ich noch nicht gesehen habe; sie werden jetzt
in Frankfurt verlegt. Hier auf der Bibl. habe ich genug inedita
für 3 oder 4 Bände gefunden und so viel thunlich copirt; das
wichtigste sind 40 neue Strophen (also 160 Langzeilen) zum
Nibelungenlied. Von dem allem nächstdem ausführlicher. Des
braven Villers Tod (Ende Febr. also wenigstens noch ante nun-
tium fatalem) wird Sie wie mich sehr betrübt haben. Bleiben Sie
mir gewogen, ich bin mit herzlicher Ergebenheit Ihr aufrichtiger
Freund

und Diener

Jakob Grimm.

N. S. Alles was diesem Brief nicht beiliegt folgt nach Bequemlichkeit der Curire in mehrern Sendungen nach. Ich habe
es theilen müssen. Ein paar Zeilen über den Eingang des Wechsels
bitte ich nach Cassel zu adressiren.

XI a.

Wien, den *5ten Mai* 1815.

Geehrter Herr!*)

Es hat sich eine Gesellschaft gestiftet, welche durch ganz
Deutschland ausgebreitet werden soll, und zum Ziele nimmt, alles,
was unter dem gemeinen deutschen Landvolke von Lied und
Sage vorhanden ist, zu retten und zu sammeln. Noch ist unser
Vaterland aller Enden ausgestattet mit diesem Gut, das unsere
ehrliche Vorfahren auf uns fortgepflanzt, das allem Spott und
Hohn, womit es beworfen worden, zum Trotz, im Verborgenen,

---

*) Gedruckt mit Ausnahme der Worte in Cursivschrift.

seiner eigenen Schöne unbewusst, fortlebt, und seinen unverwüst-
lichen Grund allein in sich selber trägt. Ohne es genauer zu er-
forschen, vermögen weder unsere Poesie, noch Geschichte, noch
Sprache in ihren alten und wahrhaftigen Ursprüngen ernstlich verstanden zu werden. Wir lassen es uns in dieser Absicht angelegen
seyn, nachstehende Gegenstände fleissig aufzuspüren und treulich
aufzuschreiben :.

1) Volkslieder und Reime, die bei unterschiedlichem
Jahresanlass, an Festen, in Spinnstuben, auf Tanzböden und während der verschiedenen Feldarbeit gesungen werden; zunächst
solche, die epischen Inhalts sind, d. h. worin eine Begebenheit
vorgeht; wo möglich mit ihren Worten, Weisen und Tönen selbst.

2) Sagen in ungebundener Rede, ganz besonders sowohl
die vielfachen Ammen- und Kindermärchen von Riesen,
Zwergen, Ungeheuern, verwünschten und erlösten Königskindern,
Teufeln, Schätzen und Wünscheldingen, als auch Localsagen,
die zur Erklärung gewisser Örtlichkeiten (wie Berge, Flüsse, Seen,
Sümpfe, zertrümmerte Schlösser, Thürme, Steine und alle Denkmäler
der Vorzeit sind) erzählt und gewusst werden. Auf Thier-
fabeln, worin zumeist Fuchs und Wolf, Hahn, Hund, Katze,
Frosch, Maus, Rabe, Sperling u. s. w. auftreten, ist sonderlich zu
achten.

3) Lustige Schalksknechtsstreiche und Schwänke; Puppen-
spiele von altem Schrot, mit Hanswurst und Teufel.

4) Volksfeste, Sitten, Bräuche und Spiele; Feierlichkeiten bei
Geburt, Hochzeit und Begräbniss; alte Rechtsgewohnheiten, sonder-
bare Zinsen, Abgaben, Landeserwerb, Grenzberichtigung u. s. w.

5) Aberglaube von Geistern, Gespenstern, Hexen, guter und
böser Vorbedeutung, Erscheinungen und Träume.

6) Sprichwörter, auffallende Redensarten, Gleichnisse, Wort-
zusammensetzungen.

Es ist aber vor allem daran gelegen, dass diese Gegenstände
getreu und wahr, ohne Schminke und Zuthat, aus dem Munde
der Erzählenden, wo thunlich in und mit deren selbsteigenen
Worten, auf das genaueste und umständlichste aufgefasst werden,
und was in der lebendigen örtlichen Mundart zu erlangen wäre,
würde darum von doppeltem Werthe seyn, wiewohl auf der
andern Seite selbst lückenhafte Bruchstücke nicht zu verschmähen

sind. Denn es können alle Abweichungen, Wiederholungen und
Recensionen einer und derselben Sage im Einzelnen wichtig
werden, und durch die trügerische Meinung, dergleichen sey bereits gesammelt und aufgezeichnet, darf man sich keineswegs eine
Erzählung von sich abzuweisen verleiten lassen; wie denn auch
manches, was modern erscheint, oftmals nur modernisirt ist, und
seinen unverletzlichen Grund unter sich hat. Eine vertrautere
Bekanntschaft mit dem Gehalte dieser Volkspoesie wird über ver-
meintlich einfältige, rohe und gar abgeschmackte Züge derselben
allmählig bescheidener urtheilen lehren. Insgemein aber lässt sich
noch folgendes anführen, dass obgleich eigentlich fast kein Strich
von ihr gänzlich verlassen und entblösst seyn dürfte, dennoch vor
grossen Städten die Landstädte, vor diesen die Dörfer, unter den
Dörfern aber allermeist stille, unbefahrene in Wald und Gebirg
liegende damit begabt und gesegnet sind. Gleichfalls bei gewissen Ständen, als Hirten, Fischern, Bergmännern, haftet sie
stärker, und diese sind vorzugsweise, wie überhaupt alte Leute,
Frauen und Kinder, welche sie frisch ins Gedächtniss empfangen
haben, zu befragen.

In fester Zuversicht, dass Sie, geehrtester Herr, von der
Nützlichkeit und Dringlichkeit unseres Zweckes, der sich bei dem
heut zu Tage immer mehr einreissenden Untergange und Ab-
schleifen der Volkssitten nicht länger ohne grossen Schaden auf-
schieben lässt, bewegt werden, unserem Unternehmen helfende
Hand zu bieten, und in der Lage wohnen, um die Gegend von
Holland solcher Absicht gemäss zu durchforschen, sind Sie zum
Mitgliede dieser Gesellschaft ausersehen worden. Dieselbe wünscht
im Stillen fleissig zu sammeln und ihr Werk zu fördern, nicht
aber öffentlich in Tageblättern von sich und ihrem löblichen Vorhaben reden zu hören, indem sie von der Meinung mit ausgehet,
es könne dieses nur in Bescheidenheit, Meidung alles eiteln Auf-
sehens und in reiner Lust am Guten glücklich Wurzel fassen, und
recht gegründet werden. Dahin gehört auch, dass kein Theilnehmer gehalten ist, binnen gewisser Zeit seinen Beitrag einzu-
senden, sondern jeder thue, wann, wo und wie er könne; wer
zu Hause keine Musse erübrigt, findet auf Reisen vielleicht Anlass dazu.

Schliesslich werden Sie ersucht, der ordentlichen Aufbewah-
rung des Eingehenden halben, jeden Gegenstand auf ein einzelnes
Blatt zu bringen, auch darauf Ort und Landschaft und Zeit, wo

er gesammelt worden, und neben ihrem Namen nöthigenfalls den des Erzählers mit zu bemerken.

Im Namen und Auftrag der Gesellschaft

Jakob Grimm.

N. S. Wir laden Sie noch ausdrücklich ein, in Archiven und Klöstern Ihrer Gegend nach altdeutschen Büchern und Handschriften zu spüren, nicht zu versäumen, und uns von deren Gelegenheit durch den Unterzeichneten in Kundschaft zu setzen.

XII.

Wien den 8. Mai 1815.

Meinen Brief habe ich auf die Post müssen legen und Sie werden ihn einige Zeit früher empfangen, als dies und noch ein anderes Paquet, welche Herr Persoons, niederländ. Legat. Secretär zu besorgen verspricht, sie aber beide mit Gelegenheit über Brüssel absenden muss, wo sich dermalen Ihr Hof befindet. Es soll mich freuen, wenn Sie alles richtig, binnen Monatsfrist empfangen. Zwei offne Briefe an Bilderdijk u. Scheltema liegen hierbei

Der arme Heinrich und der erste Theil unserer Edda (endlich fertig geworden) soll aus Cassel nachfolgen. Belieben Sie nur zu melden, wie viel Exemplare von ersterem Sie etwa dort absetzen können.

Ich fand dieser Tage hier zu kaufen: Persiaensche Geschiedenissen of de Reizen en wonderbare Gevallen der drei Prinzen van Serendib. te Leiden by Cornelis van Hoogeveen junior 1766. 2 Bände. Von der Existenz dieser holländ. Übersetzung eines merkwürdigen, märchenhaften und sicher ächtorientalischen Buchs wusste ich bishero nichts. Es giebt davon eine altdeutsche (bessere und kräftigere) Bearbeitung aus dem 16. Jh. die zu den grössten literar. Seltenheiten gehört. (S. F. Giafers Söhne etc.) Indessen scheint dem holländischen Buch factisch nichts, desto mehr wörtlich abzugehen. Einer französischen Übersetzung fehlt es in beiderlei Hinsicht. Über das arab. oder pers. Original hat mir gleichwohl

noch kein Orientalist können Auskunft geben, und möglich, dass
das ganze aus dem Mund von oriental. Reisenden in Italien auf-
geschrieben wurde.

Vale, T. T.

J. Gr.

XIII.

Cassel 8. August 1815.

Verehrter Herr und Freund.

Dieser Brief soll nur um ein paar Zeilen Nachricht bitten:
ob die im vorigen Mai von Wien aus abgegangenen zwei oder
drei Päckchen, welche zufolge Ihres letzten Schreibens vom 1. Juli
dazumal noch nicht eingetroffen waren, seitdem angelangt sind,
oder nicht? Im letzten Fall wollte ich mich bei Hrn. Persoons,
niederländ. Legationssecretär zu Wien desfalls erkundigen. Ich
habe diesem die Päckchen selbst zugestellt und er versprach sie
durch Curire über Brüssel zu senden und besonders zu empfehlen.
Es war darin: meine Abh. über die Irmenstrasse (mehrere Exemplare) — meine silva de romances und ausser andern Papieren, die
ich in dem glücklicher Weise auf die Post gegebenen Brief denke
angegeben zu haben, das befragte Circular über die Sammlung
der Volkssagen, so wie Briefe an die Hrn Bilderdijk und Scheltema.
Sollte alles verloren gegangen seyn, so thäte es mir leid, vielleicht
aber sind die Sachen in dem zuletzt so geräuschvollen Brüssel
eine Zeit lang liegen geblieben.

Die durch Sulpke (der jedoch nicht selbst hier war) über-
machte und mittlerweile durch meinen Wiener Wechsel, wovon
mein Bruder wusste, erledigte Anweisung ist aus diesem Grunde
remittirt worden. Dagegen haben wir von Leipzig aus das viel-
besprochene holländische Paquet immer noch nicht empfangen
Soll ich darum an Barth zu Leipzig schreiben? oder wollten Sie
die Güte haben den amsterdammer Buchhändler nochmals zu
erinnern.

Die fünf oder sechs Exemplare des armen Heinrichs, der nun fertig ist, gehen ebenfalls an Barth zur gelegentlichen Besorgung nach Holland. Kommt Hr. Reuvens, den Sie uns angemeldet, noch von Pyrmont aus hier durch, so kann er wohl ein Exemplar und mehrere von dem gedruckten Briefcircular mitbringen.

Ich bin erst seit drei Wochen zurück vom Congress, denke aber nun zu Haus bleiben zu dürfen und endlich wieder einmal in Ruhe und Ordnung zu gelangen.

In Göttingen, wohin ich bald eine kleine Reise mache, will ich nach Ihrer Erlaubniss Hugo'n Ihre Onmerkingen op de Grondwet, so wie die Briefwisseling van eenige Regtsgeleerden over de anstaande nederl. Wetgeving zum lesen abfordern und bin auf vieles darin begierig. Auf der dortigen Bibl. finde ich wohl auch zur näheren Ansicht die 4 Bände der gröning. Gesellschaft pro jure patr. excol. nebst den andern Büchern, die Sie so gütig waren, mir anzuzeigen.

Die neugriechischen Lieder giebt Haxthausen in Text und deutscher Übersetzung bald heraus, und vielleicht schreibt Goethe eine Vorrede dazu. Mein Aufsatz über die Hohenemser Nibelungen steht bereits im 10ten Stück der Wälder, wovon jetzt 12 heraus sind.

Mein nächstes Schreiben soll interessanter werden, vorerst stecke ich noch in zu mancherlei Unwesen, welches nach langer Entfernung unvermeidlich ist. Savigny reist Ende dieses Monats auf seine Güter in der Wetterau, geht nach Frankfurt und wohl bis Coblenz und Cölln. Mein Bruder empfiehlt sich angelegentlichst und ich bin mit aufrichtigster Hochachtung und Ergebenheit

der Ihrige

J. Grimm.

Für das so sorgfältig aufgenommene deventerische Volkslied sind wir sehr verbunden, und erbitten uns gelegentlich mehr.

XIV.

Cassel 28. Febr. 1817.

Hochgeehrtester Freund.

Seit wir vorigen August das Vergnügen gehabt, Ihre leibliche Bekanntschaft zu machen, haben wir nichts von Ihnen vernommen, nicht einmal Ihre glückliche Heimkehr und wie Sie mit der Reise nach Deutschland im ganzen zufrieden gewesen sind. Blos weiss ich aus Savignys Briefen, dass Sie gesund und wohl zu Berlin gewesen und von da abgereist sind. Bald darauf im September sah und sprach ich Savigny zu Göttingen, wohin er in den Herbstferien auf einige Tage gekommen war.

Ich bin diesen Winter fleissig hinter unserm ältesten deutschen Quellen hergewesen und habe manches neue daraus gelernt, besonders in Bezug auf Grammatik. Unter anderen Dingen ist mir klar geworden, dass die Sprache des gothischen, wie sie uns Ulfilas aufbehalten hat, ungleich näher zu dem allemannischen steht, wie zu dem angelsächsischen oder gar dem nordischen, womit man sie selbst in Wörterbüchern zusammengestellt hat. Bei dieser Gelegenheit habe ich hin und wieder Ypeys geschiedenis der n. T. nachgelesen, bin aber wenig davon erbaut worden, es ist oberflächlich und ohne eindringende Ansichten geschrieben.

In Absicht auf die heutige holländische Sprache bin ich auf Wm Séwels nederduytsche Sprakkonst (2te Aufl. Amsterd. 1724.) als einziges Hülfsmittel, das mir zu Gebote stünde, beschränkt. Leider besitze ich ten Kates besseres Werk nicht. Haben Sie doch die Güte gelegentlich nachzusehen, ob ten Kate etwas erspriessliches über die beiden Puncte, die ich in dem einliegenden Schreiben an Hrn Hoekstra (das ich zu adressiren bitte), berühre, beibringt. Besonders wünschte ich auch ein vollständigeres Verzeichniss der neutra, die im plur. auf e r e n ausgehen, zu erhalten. Séwel führt ihrer pag. 175 nur 13 an und noch einige pag. 211 bis 213. Jedes einzelne Beispiel wird mir historisch wichtig, denn es giebt neutra die in a l l e n deutschen Sprachen ihren Pluralis mit dem Consonant r bilden, wie zb. ei, ovum pl. e i e r, holländ. ey e r e n; rind, rind e r holl. rind e r e n; während andere es nur in einigen Mundarten thun, in andern nicht, z. B. haupt, pl. häupt e r, holländ. aber hooft, pl. hoofd e n, nicht hoofd e r e n. —

Von Niebuhrs Gesandtschaftsreise nach Rom werden Sie wissen, vermuthlich auch schon, welchen wichtigen Fund er zu Verona gemacht, zwei Palimpsesten aus vorjustinianischer Zeit, wovon der eine Codex vielleicht des Gajus Institutionen enthält.

Ich höre so eben, dass er zu Rom nunmehr auch inedita Ciceroniana aufgespürt hat. Wollte der Himmel er fände auch einen gothischen Codex rescriptus, wie vormals Knittel zu Wolfenbüttel.

Melden Sie mir doch, werthester Herr u. Freund die nähere Bewandtniss von Bilderdijks Missvergnügen mit der neuen Organisation des Instituts. Es leuchtet aus seinem letzten Briefe an mich hervor und ich finde es doch unrecht, dass der Staat sich nicht, vielleicht in wahren Kleinigkeiten, dem Eigensinn oder dem gerechten Verlangen eines berühmten Schriftstellers fügt, den Ihre ganze Nation anerkennt und schätzt. An den Einfluss ganzer politischer Factionen hierbei will ich doch am wenigsten glauben.

Ich lege Ihnen noch einen Abdruck meines Bildnisses bei, welches mein Bruder Ludwig zu München radirt hat und Sie aus eigener Ansicht nunmehr ebenfalls ähnlich oder unähnlich finden können. Wilhelm empfiehlt sich Ihrem gütigen Andenken und ich bleibe mit unveränderter Hochachtung

Ihr

ergebenster Freund und Diener

Jakob Grimm.

Empfehlen Sie uns bestens Hrn Reuvens.

Ich erschrecke dass ich ihm für seine übermachten Collectanea literaria noch nicht gedankt habe. Ich wollte es aber gerne in Begleitung eines Gegengeschenkes thun, das noch nicht gedruckt ist.

XV.

Verehrter Freund,

Ich nehme mir die Freiheit, Ihnen einige Exemplare der Anzeige des Reinhart Fuchs zur Verbreitung in Holland zuzusenden.
Der Verleger will seine Kosten erst durch Subscription gedeckt
sehen und für Ihre Gegend, schmeichle ich mir, hat das Unternehmen mehrfaches Interesse *). Einmal wird das niederländische
Gedicht selbst correcter und besser als im graeterschen Abdruck
erscheinen. Zweitens ist auch das lateinische Gedicht ohne allen
Zweifel in den Niederlanden gedichtet worden und erläutert
mancherlei Dinge. Baluz legt es sogar dem Jac. v. Maerlant bei,
welches ich jedoch für grundfalsch halte; ich habe hierüber dem
königl. Institut zu Amsterdam neulich eine kleine Notiz vorgelegt.
Das lateinische Werk ist mitunter schwierig zu verstehen und
wird auch sonst auf kein grosses Lesepublicum zu rechnen haben,
indessen ist es die älteste Quelle aus dem ganzen Fabelkreise und
sein Abdruck konnte nicht unterbleiben; man hätte Gefahr ge-
laufen, Kleinigkeiten, wenn man es lediglich hätte ausziehen wollen,
wegzulassen, die im Verfolg schon einmal wichtiger werden können.
Es fallen mir ein paar dunkle Stellen ein, vielleicht wissen Sie
Auskunft für deren Erklärung:

> hostem praemunit, qui timuisse facit,
> tritus it m e l a d e s , timidum sollertia servat,
> dissimulans odium promptior ultor erit.

Wo steht von diesem M e l a d e s ?
ist Ihnen die Redensart bekannt: m i n g e r e   c e r a m ?

> versu 595 tam fidus fido quam c o n c o l o r   a n g l i c u s nido

was ist dies für ein Vogel?
Eine merkwürdige Stelle redet lobend von dem egmondischen
Abt G a l t e r u s , der 1161 starb. (huiszittend Leven I. 301.)
und bei Melis Stoke W o u t e r heisst (Boek 2. Z. 354.) cf. Joh. de
Leydis annales egmundanos cap. 20—25.
Unter anderm heisst es: (versu 4481)

---

*) Die Namen der Subscribenten brauchen erst um Neujahr an mich oder
nach Berlin gemeldet zu werden.

talibus ornato comitem deus addidit unum,
.   quem lesburna cupit non petere astra cito;
hic tibi dignus enim est, hunc unum admitte sodalem
ruderca, reliquos cum strue nostro foris. (ufol)

ist lesburna auch ein Closter und hatte es einen Vorsteher
Namens Roderich?

die letztangeführte Zeile ist mir unverständlich, legerem: reliquos cum strue verre foras, i. e. ejice!

v. 2767. clamat ovans medicus: per totum venimus istuc
dilteri regnum.

es könnte auch dilceri oder daceri heissen. Der Arzt ist der
Fuchs, welcher dem kranken Löwen des Wolfes Haut zur Heilung
verschrieben hat und bricht in jene Worte aus, als er den ge-
schundenen Feind blutig stehen sieht.

Auch Blatt 99 wird zum Wolf spöttisch gesagt:

at tua te gnarum joculandi dextera naris
indicat aspectu, fungere sorte tua,
hanc tibi dono gigam, pagana est, utpote porrum,
osseaque ut dominus blicero, sume, vide!

paganus ist im latein des Mittelalters rusticus, warum heisst aber
das porrum paganum? und wer ist der dominus blicero? vielleicht
der Tod, der Knöcherne? wie wir ihn Bruder Hein nennen.

Sie haben, werthgeschätzter Freund, ohne Zweifel von des
Angelo Majo allerglücklichstem Fund schon gehört? Er hat mehrere
Codices palimpsestos des Ulfilas heraus gebracht, wodurch nicht
blos die bisherigen Fragmente ergänzt und berichtigt werden
können, sondern überhaupt die dreizehn canon. Briefe des Paulus
in gothischer Sprache ans Licht kommen, selbst Stücke aus dem
alten Test. aus Esdras u. Nehem. und wer weiss, was noch alles.
Die Entdeckung ist von der grössten Wichtigkeit für Sprache u.
bibl. Exegese, und welches Licht wird uns über Wortforschung
und Grammatik aufgehen. — Majo soll noch einige hundert Codd.
rescrippt. mit den merkwürdigsten Ausbeuten haben und aus Eifer-
sucht, um sich allein die Ehre der ersten Herausgabe zu behaupten,
zurückhalten und niemand hinzulassen. Darin liegt mitten unter
so grossen Entdeckungen etwas Kleinmüthiges. Seine zuletzt gedruckten und eben in Frankfurt wieder abgedruckt werdenden
Neuigkeiten sind: Julii Valerii res gestae Alexandri Macedonis und
Itinerarium Alexandri ad Constantium augustum, Constantini M.
filium In dieser glückseligen ambrosiana steckt mehr, als man
aus Herculanum erwartet hätte! —

Das Reformationsfest ist im ganzen protest. Deutschland gefeyert worden, möge es nur lebendige Frucht bringen, doch lässt
sich manches Zeichen der Zeit gut an. Die Studenten haben auf
der Wartburg ein schönes Fest gefeyert, in Ordnung und Haltung.

Mein Bruder empfiehlt sich und ich bestehe mit unveränderter
Hochachtung und Freundschaft

der Ihrige

Grimm.

Ich habe noch einen Abdruck von Savignys Porträt auf-
getrieben und lege ihn als ein kleines Geschenk bei.

XVI.

Cassel 15. Dec. 1818.

Verehrter Herr und Freund.

Vor acht Tagen hatte ich nach langer Unterbrechung unseres
Briefwechsels das Vergnügen, Ihr Schreiben vom 30. Sept. mit
dem Marburger Postwagen zu erhalten. Es ist also zwei Monate
unterwegs geblieben. Die Beischlüsse nach Göttingen und Braunschweig sind sogleich besorgt worden, auch die eingelegten fünf
Ducaten haben sich richtig vorgefunden, ich werde nun für drei
Ihr Schuldner bleiben, da ich den Auftrag mit dem Lotterieloos,
sofern ich ihn recht verstehe, nicht ausrichten kann. Vermuthlich
war nicht unsere gewöhnliche Casseler Lotterie, die in 6. Classen
jährlich gezogen wird, sondern die Ausspielung des Lelongschen
Gutes gemeint, von der seit vielen Jahren in allen Zeitungen
prahlerisches Gerede gestanden hat. Es ist jedoch auf eingezogene
Erkundigung noch nichts daraus geworden und ich rathe auch
nicht, wenn die Ziehung dennoch einmal erfolgen sollte, sich mit
einem Loos zu befassen. Wollen es aber die Damen, wenn sie
an blühendes Glück in Hessen glauben, mit unsrer gewöhnlichen
Lotterie, wovon ich den Plan beilege, versuchen, so will ich
meine Hände waschen und ein gutes Loos ziehen; seyn Sie also
so gut und melden mir den gefassten Entschluss. — Warum haben
Sie aber, werthester Freund, mein eigenes Guthaben, das so wenig

betrug, nicht bei Sich behalten, da ich gewiss noch in den Fall kommen werde, Sie um Auslage für Bücher zu bitten! Sie haben mir ohnedem meiner Rechnung nach z u v i e l geschickt

Mit dem Ankauf des t e n K a t e für 6 f. bin ich sehr zufrieden, zum Nachschlagen wird es mir immer nützlich seyn, wiewohl ich seit dem halben Jahre, dass ich mir ihn von der Göttinger Bibl. kommen lassen, wenig daraus gelernt habe, und fast in Bilderdijks Urtheil einstimmen muss, wiewohl ich mich bescheidener ausdrücken werde.

Für die Besorgung der Subscriptionen zu dem Reinhart Fuchs danken wir aufs herzlichste. Das Buch ist theils durch anderweit ausgetheilte und noch nicht wieder eingegangene Aufforderungen zur Unterzeichnung, theils durch meine Grammatik, die mir meine Zeit ausschliesslich weggenommen hat, aufgeschoben worden und wird nicht vor Michael 1819 fertig werden können. Der Druck der Grammatik begann Januar 1818 und schritt so langsam vor, dass unablässig fortgefahren, aber kaum wöchentlich ein Bogen geliefert wurde. Es sind in diesem Augenblick 624 Seiten gedruckt und noch gegen 100 zu drucken, so dass ich ein Ex. für Sie, für Bilderdijk und die leidener Gesellschaft erst Anfang Febr. werde übersenden können. Melden Sie mir unterdessen: ob ich es mit Postwagen oder über Leipzig thun soll? Im letzten Fall würde es Ihnen erst nach der Ostermesse zu Hand kommen. Ich hoffe auch ein Ex. des 2ten Theils der Sagen beizufügen. Auf Bilderdijks Urtheil über meine Arbeit in einem Fach, worin er so viel weiss, bin ich höchst begierig, so wie mir auch seine Verhand. van de geslachten der Naamwoorden bei Ausarbeitung meines 2ten Theils grossen Vorschub thun wird. Die (von mir also wirklich geahnten) Entdeckungen gothischer Denkmäler zu Mailand sind für die Geschichte unsrer deutschen Sprache (der hoch und niederdeutschen) so erstaunend wichtig, dass sie dadurch ein ganz neues Licht erhalten wird und es wirklich gewagt erscheint, nach dem im Herbst 1817 bekannt gewordenen Fund, im Jahre 1818 mit einer Grammatik hervorzutreten, die auch im Gothischen vielerlei reformirt. Inzwischen war ich früher damit, so weit die Quelle des Cod. argent. reicht, ziemlich im Reinen, und bedachte, dass M a j o mit der wirklichen Herausgabe unmöglich schnell vorschreiten wird. Ich wandte mich selbst an ihn und in seiner Antwort spricht er von einer dissertatio praeliminaris, die er immer noch nicht von sich gegeben hat. Schwerlich wird also dieser ambrosianische

Ulfilas vor 1820 ans Licht treten. Da Zahn der letzte deutsche Gelehrte im Gothischen vor einigen Monaten verstorben ist, so hat mir ein Frankfurter Verleger, der die Majischen opuscula also- bald bekommt, den Antrag gethan, von den erscheinenden Gothischen Denkmälern eine Ausgabe für Deutschland zu besorgen. Ver- muthlich werde ich auch den von Zahn beinahe fertig gebrachten althochdeutschen Tatian, der bei Schilter und Palthen nur theil- weise gedruckt ist, auf mich nehmen. Es ist mir daher lieb und vielleicht nothwendig, dass ich. mich beim Publicum vorher durch meine Grammatik legitimire, quantum fieri potest.

In Dänemark und Schweden sind wichtige Schriften für unsre alte Sprache und Dichtkunst, herausgekommen; von Rask (dem Vf. der isländ. Grammatik, er bereist jetzo Russland und einen Theil Asiens, um die Sprachen bis zum Caucasus zu verfolgen) Undersögelse om det gamle nordiske Sprogs Oprindelse; Kjöbenh. 1818. 312 S. 8°, eine gekrönte, wirklich des Preises würdige Schrift, voll scharfsinniger Untersuchungen über die Verwandtschaft der deutschen, nordischen, lettischen, slavischen, latein. und griech. Sprache. — Von Pet Erasm. Müller Sagabibliothek Band 1. Kjöb. 1817. 371 S. Band 2. 1818 675 S. 8° und ein 3ter Band steht bevor; den ersten Band hat Lachmann verdeutscht. Es sind reichhaltige, fleissige und critische Auszüge aus allen altnordischen Sagen. — Der schwedische Historiograph Hallenberg hat die Idee gehabt, die Wörter für die Begriffe: Licht und Gesicht in den germanischen und and. Sprachen zu vergleichen: disquisitio de nominibus lucis et visus. Stokholmiae 1816 pars prior pp. 530. posterior pp. 574 Es ist aber in diesen 1100 Seiten nicht so viel wahrer Sinn für Etymologie und Sprachgelehrsamkeit als auf einem Bogen bei Rask. — Bei uns erschien: Chr. Gottl. von Arndt über Urspr. und Verwandtschaft der europ. Sprachen. Frankf. 1818. 393 S. brauchbare Auszüge aus dem vocab. petropolit. und gute Ansichten, doch nicht tief eindringend.

Hierbei übermache ich ein Ex. unserer Zunftordnung sammt Nachträgen und zwar Ihrem Wunsch gemäss mit der Post. Man versichert, dass der Postwagen bis Amsterdam gehe; auf den deutschen Posten zahlen gedruckte Sachen geringe Taxe; melden Sie mir doch, wie hoch sich das Porto beläuft, zu einem Maas- stab für die Zukunft. Ich füge bei ausserdem

1) Abschrift eines niederländ. Bruchstücks aus dem 14. Jahrh. worin eine mir angenehme Anspielung auf Reynaert vorkam.

Theilen Sie es doch Bilderdijk mit und übergeben es hernach in meinem Namen der dortigen Maatschappij van Letterkunde bei einer künftigen Versammlung.

2) ein Promemoria für Hrn. v. Bilderdijk wegen der Plurale auf e r.

3) einen Bogen (K) aus meiner Grammatik zur vorläufigen Ansicht.

Zum Schluss nochmaligen Dank für so manche freundschaftliche Mittheilungen in Ihrem Briefe, die ich diesmal sehr mangelhaft erwiedern kann. Ich wünsche herzlich, dass Bilderdijk vergnügter werde, seine Gelehrsamkeit und dichterische Gabe verdient, dass man ihm nachsieht, was in der gewöhnl. Gesellschaft unangenehm wirkt.

Von Savigny habe ich bereits Briefe aus Berlin, er ist mit seiner Reise zufrieden. An Hrn. Scheltema viele Empfehlung (ich habe meinerseits nichts dawider, dass er der Stadt Haarlem die Druckerfindung vindicirt) so wie an Hrn. Reuvens.

Mein Bruder und ich grüssen freundschaftlich.

J. Grimm.

Nachsatz.

Gerard d'Euphr. Paris 1783 ist ziemlich unbrauchbar — Reyneke Voss, Rostock 1592. 4 to gern 2 fl. werth. — Wiedeburgs Nachricht etc. jetzo unbedeutend, man kennt alle Jenaer Hss. — Die altd. Wälder sind vorerst mit Band 3 geschlossen und werden, wenn sie wieder erscheinen sollten, nach anderm Plan eingerichtet.

XVII.

Cassel 12. März 1819.

Verehrter Freund!

Hierbei erhalten Sie meine Grammatik und zwar ein Ex. für sich, eins für Bilderdijk und eins für die Gesellschaft zu Leiden, das ich in meinem Namen zu überreichen bitte. Durch ein hässliches Versehen der Druckerei sind keine Exp. auf besseres Papier abgedruckt worden und mit dem, wie gewöhnlich, elenden deut-

schen Druckpapier nimmt sich das Buch schlecht genug aus.
Schreiben Sie mir nun, sobald Sie Zeit und Lust gewinnen, den
Inhalt näher zu betrachten, ob Sie dieses einigermassen mit dem
Äussern zu versöhnen im Stande ist und glauben Sie, dass mir
nichts werther seyn kann, als theils Ihr unbefangenes Urtheil über
meine Arbeit, theils Berichtigungen und Besserungen die Sie mir
ohne Zweifel über manche darin befindliche Untersuchung nicht
vorenthalten werden.

Ich schliesse das Paquet nach Amsterdam bei und hoffe, dass
es Ihnen weiter kein Porto macht. Meinen letzten Brief, nebst
der verlangten hessischen Zunftordnung haben Sie doch vor einigen
Monaten erhalten? Mittlerweile sind mir die beiden Bände des
ten Kate und der Arcadia richtig zugekommen, für deren Besorgung ich herzlich danke.

Eine kurze Anzeige meiner Grammatik in einer holländ. Lit.
Zeitung oder Zeitschrift würde mir sehr lieb seyn, eine lange und
belehrende noch lieber. Nebst aufrichtigem Grusse

Ihr

Grimm.

XVIII.

Cassel 26. März 1820.

Verehrter Freund, ich bin in unverzeihlichem Rückstande,
Ihre letzten Zuschriften sind ein halbes Jahr alt geworden und
drüber. An Entschuldigungen gebrichts nicht, wenn Sie nur vor
Ihren Augen etwas gelten. Die Hauptursache ist jedoch Kränklich-
keit und die strenge Richtung aller meiner freien Musse auf die
Fortsetzung und Beendigung meiner Grammatik gewesen. Span-
nung und Mismuth über unsre öffentl. Verhältnisse in Deutschland
will ich nicht einmal in Anschlag bringen, wiewohl mir viel
schöner Tage dadurch getrübt und verdorben worden sind; Gott
wird helfen und ich vertraue fest auf unsre Fürsten und unser Volk;
keins ist sowenig zu revolutionären Umtrieben geneigt, als das
deutsche und die Mainzer Central Commission scheint wirklich
ohne Geschäft zu bleiben. Meiner Meinung nach hätte, was in

dem Turnwesen und sonst Anstössiges war, wohl und mit Recht abgeschafft werden können, ohne dass es nöthig war, einen solchen tactlosen Lärm zu schlagen. Den Vortheil haben wenigstens die leidigen Händel in Frankreich, England und Spanien, dass man die dagegen wahrhaft unschuldigen und kinderhaften deutschen Unruhen hoffentlich beinahe vergessen wird. Doch wer mag von dem in Briefen schreiben, was uns so genug täglich und alle Gutgesinnte und vernünftige Menschen gewiss auf dieselbe Weise bewegt.

Von Savigny habe ich kürzlich mehrere Briefe und mancherlei Nachrichten. Die angenehmste, dass ihm im Januar ein Sohn geboren worden ist, zu dem ich wieder der Mitgevatter geworden bin, was mir grosse Freude gemacht hat. Sonst klagt er über Arbeiten, die ihn in der Fortsetzung seiner Rechtsgeschichte so sehr beschränken, ausser dem Staatsrath und Cassationshofe liest er über Gajus und das preuss. Landrecht. Der Gajus wird langsam gedruckt, vermuthl. doch noch dieses Jahr fertig. Eine andere Ihnen vielleicht schon bekannte juristische Neuigkeit: es soll eine neue critische Ausg. des C. J. C. erscheinen, deren Verlag der Berliner Buchhändler Reimer übernimmt, er schiesst ansehnliche Summen für Reisen der Herausgeber Behufs der Handschriftencollation vor, der Druck soll nicht eher beginnen, bis alle Materialien vorhanden sind, dann aber das Ganze schnell und auf einmal erscheinen, vor zehn Jahren schwerlich. An der Spitze der Unternehmung steht Prof. Schrader zu Tübingen, ein gelehrter, fleissiger Civilist; die Bibliotheken bereist der Dr. und Bibliothekar Clossius von ebendaher, bekannt durch seine Ausg. des Donellus, die freilich auch noch nicht fertig ist. Vor einigen Wochen hat er hier unsere Hss. verglichen und reist gegenwärtig über Amsterdam nach Paris, wo so viel steckt. Von da vermuthlich nach Mailand, denn Mai hat neulich gegen Niebuhr geäussert, dass in der Ambrosiana noch molte cose legale handschriftlich lägen.

Von Mais Ulfilas ist die längst erwartete Probe Ende v. J. erschienen, ich habe davon in den Gött. Anz. 1820. No. 40 Bericht erstattet; (beiläufig: der erwähnte Mahler Guglielmo Cajo ist nicht unbekannt, sondern scheint ein Niederländer, aus Breda bürtig. conf. pictorum aliquot celebrium Germaniae infer. effigies. Antverpiae s. a. sub intersignio quatuor ventorum. num. 20. Wie mag er zu den Gothischen Buchstaben gelangt seyn?) wäre nur erst das Ganze heraus!

Meine Grammatik hat viel Nachsicht und Aufnahme gefunden.
ich bereitete eben alles zum 2ten Theil, als der 1te vergriffen
wurde und der Verleger die zweite Aufl desselben verlangte. Ich
habe darüber den 2ten Theil (und alle andern Geschäfte) liegen
lassen und arbeite den 1ten Theil völlig und so gänzlich um, dass
es ein neues und hoffentl. besseres Werk werden soll. Alles
ordnet sich ganz anders, wenn man, wie geschehn soll, eine umständliche Buchstabenlehre vorausgehen lässt. Das war der Hauptfehler der ersten Ausgabe. Ich stehe jetzt in den meisten Punkten
weit sicherer und verdanke das hauptsächlich einer sorgfältigen
Untersuchung der Reime unserer besten Dichter des 13. Jahrh.,
woraus sich früher ungeahnte Verhältnisse der Laute ergeben
haben, es müssen z. B. dreierlei a, dreierlei e und so weiter, genau
unterschieden werden Die Untersuchung lässt sich im Ganzen
auch auf Maerlants Gedichte und seine Reime anwenden, wiewohl
er sich Freiheiten gestattet, die man bei keinem hochdeutschen
Dichter findet, z. B den Reim te samen und quamen. (Es hat
sich neulich in der Wetterau eine Pergamenthandschrift des Speculum
naturale von Maerlant gefunden, wie mir Grotefend aus Frankfurt
schreibt, der sie jetzt unter Händen hat. Das interessirt doch
wohl noch die Amsterdämmer Herrn?)

Ich habe leider weder Zeit noch Material genug, um das Alt-
niederländische gründlich durchzuarbeiten; Berichtigungen über
Declination und besonders Conjugation würden mir sehr willkommen
seyn. Das, was ich Ablaut in der Conjug. nenne, ist die Seele
der ganzen deutschen Sprache und alle Wörter führen sich darauf
zurück; alle Verba müssen ursprünglich einmal s t a r k e gewesen
seyn. Ich wünschte auch etwas gründliches über h u n und h u n n e r,
über geweten und gewist (?), gewezen und gewest, über ik h e b
und b e n gewest zu hören; ten Kate befriedigt sehr wenig.

Das Altfriesische werde ich etwas besser aus den Literis
Brocmannorum lernen können, die jetzt Wiarda vollständig zu
Berlin drucken lässt. Aber die heutige friesische Volkssprache
wird dadurch nicht bekannter, obgleich sie sicher grammatikalische
Eigenheiten genug hat, worüber vielleicht Hr. Hoekstra belehren
könnte. Die Nordfriesen (in Schleswig) haben gleich den Westphalen, noch die Dualform des persönl Pronomens. Bilderdijk
hat mir kein Wort über meine Grammatik geschrieben, vermuthl.
weil ich ihm erst über die neue Ausg. seiner Schrift vom Geschlecht
der Subst hätte schreiben müssen. Ich wollte dies durch die

Sache selbst thun, nämlich meine Theorie über diesen Gegenstand,
wie sie im zweiten Bande meiner Grammatik folgen wird. Freilich
erscheint der nun etwas später. Ich bekenne, dass ich Bilderdijks
Scharfsinn auch in dieser Materie anerkenne, aber in vielen Stücken
seine Ansicht nicht theile.

In Briefen lassen sich dergl. Dinge nicht gut auseinandersetzen. .

Es ist sonst noch manches Erspriessliche für unsre Sprache
erschienen, worunter ich Stalders Dialectologie der Schweizer-
sprache oben an stelle. Pougens trésor des origines gefällt mir
aber gar nicht und meinetwegen könnte das Werk ungedruckt
bleiben

Mein Bruder arbeitet eine Abh. über die Runenschrift aus,
die manches neue und verkannte darbieten wird. Der Reinhart
Fuchs muss — leider — wieder hinausgeschoben werden, vergessen ist er aber gewiss nicht. Ein Franzose soll Lust haben,
den roman du renard drucken zu lassen; in Gottesnamen.

Die übersandten Bände der Mnemosyne, die Steindrücke von
alten Diplomen und Bilderdijks gelehrte Auskunft über das Bruchstück des Leekenspiegel habe ich richtig empfangen, alles zu
grösstem Danke. Der zweite Band unserer Sagen wurde voriges
Jahr von einem Reisenden mitgenommen und wird auch in Ihre
Hände gekommen seyn. Mein Bruder und ich grüssen herzlich,
mit unveränderter Freundschaft der Ihrige

Grimm.

Wer ist denn nun eigentl. Verfasser des bekannten tweespraaks, Koornhert oder Spiegel?

Ich glaube irgendwo die betrübte Nachricht von dem Ab-
sterben Ihres Hrn. Vaters gelesen zu haben.

XIX.

Cassel 9. Sept. 1823.

Ich sehe Ihr Stillschweigen, verehrter Freund, auf mehrere
meiner Briefe nicht so an, als wollten Sie Sich des Briefwechsels
mit mir entschlagen; ich schreibe es andern mir unbekannten
Ursachen zu.

In te Waters Auction kommen verschiedene Artikel vor, die ich kaufen möchte. Hätten Sie wohl die Güte dafür zu sorgen? versteht sich, dass falls Sie gehindert werden, Sie die Commission entw. Herrn Luchtmans oder einem andern weiter-auftragen, und dann nur bei den holländischen Büchern ange-messene Preise beifügen.

I. p. 148. No. 317. corp. hist. byzant. nova appendix Rom. 1771. Wir besitzen die pariser u. venediger Ausg. des corpus selbst; obiges Suppl. fehlt uns und wir geben etwa 12 holl. Gulden dafür

p. 372. No. 2607. Clignets bidragen.

p. 372. No. 2608. Huyd. proeven. der zweite Theil fehlt. wird also wohlfeil abgehen.

p. 376. No. 1893. Kilian.

— — 776. Velthem.*)

Den Kostenbetrag für alle diese Commissionen können Sie sogleich in Amsterdam bei Herrn Carl Ludwig Völkel (add. Chr. Gottlieb Meyer & Söhne Amsterdam), dem Bruder meines hiesigen Collegen Völkel, heben; an ihn bitte ich auch die erstandenen Bücher zur Besorgung zu übermachen.

Erhalte i c h Clignets bidragen nicht in der Auction, so er-suche ich es im Buchladen für mich zu kaufen und beizufügen; desgl. die vermischten altniederländ. Gedichte, welche Bilderdijk, ich weiss nicht unter welchem Titel vor einigen Jahren heraus-gegeben hat. Vielleicht ist ausserdem noch etwas erschienen, was in mein Fach schlägt.

Wie verhält es sich mit dem gloss. latinotheotiscum in te Waters Cat. II. p 39 No. 86? ist es eine Copie des von Franc. Junius gesammelten? könnte man nicht die Anfangszeilen der deutschen Wörter vorher erfahren? denn wer mag sonst bieten, oder es müsste sehr wohlfeil zu haben sein.

Ich bin so frei mit dieser Gelegenheit Ihnen den literarischen Theil zu der neuen Auflage der Kindermärchen zu senden. Das wenige, was wir über holländische Märchen (Sprookjes werden sie dort wohl heissen?) wissen, ist pag. 408 zufällig ausgelassen worden. Möchten Sie es gelegentlich ergänzen. Die Sage von Klein Kobisje pag. 32—36 steht auch in Clement Marot byvoegzel p. m. 133—138 beinahe mit gleichen Worten. Ein anderes

---

*) weitere Commissionen stehen auf einliegendem Blättchen.

dortiges Volksbuch geht mir noch ab: Sprookjes van het Rood-
kousje of de Vertelling van moeder de gans; vermuthl. Übersetzung des Perrault? wo nicht, so wäre mir ein Exemplar davon lieb.

Neulich ist ein Auszug meiner Märchen ins engl. übersetzt
worden, u. d. Titel: German popular stories. London C. Baldwyn
Newgate Street 1823, der Übersetzer heisst Taylor und es sind
geistreich radierte Blätter von Cruiksharck zugegeben.

Savigny war vorigen Monat zu Schlangenbad gegen ein Kopf-
wehübel. Der Himmel stelle ihn vollends her. Von seiner Zeitschrift ist unlängst des 5ten Bandes erstes Heft erschienen.
Dr. Bluhme ist Professor zu Halle geworden.

Wir grüssen Sie von Herzen, mein Bruder und ich, freundschaftlich

der Ihrige

Jakob Grimm.

Nochmals, wenn Sie Sich mit den Commissionen nicht befassen wollen, geben Sie solche an Luchtmans ab, den ich freilich
nicht kenne; Reuvens epimetrum L. B. 1819 (pag. 190 No. 991)
wünsche ich auch zu kaufen, es wird nicht viel kosten.

XX.

Cassel 15. Oct. 1823.

Wohlgeborner herr, hochgeehrter freund!

ich säume nicht Ihren heute erhaltenen brief, der mich über
die fortdauer Ihrer freundschaftlichen gesinnungen völlig beruhigt,
sogleich zu beantworten.

Ihnen und Ihrem herrn schwiegersohn danke ich für die auskunft über das glossarium theotiscum in der te Waterschen
bibliothek. Da es offenbar angelsächsisch ist, also nichts enthalten
wird, was sich nicht auch bei Lye-Manning fände, hat es weiter
keinen werth für mich (da Sie zu dem beginnenden worte hiredes
ein fragezeichen setzen, bemerke ich, dass dieser ausdruck richtig
und deutlich ist, hired = familia, hiredes fader also = pater fam.)

Junius war ein grösserer kenner des angelsächsischen, als des althochdeutschen, doch kamen ihm seltene althochd. quellen unter
die hand, die seitdem leider verloren worden sind. Seine alth.
glossensammlungen sind wenigstens, vielleicht vollständig gedruckt
(s. erste ausgabe meiner gramm. einleitg p. LXI.); von den alten
hymnen (s. ibid. LIII und zweite ausgabe vorrede XVI. XVII.)
scheint das meiste unwiederbringlich verloren, wenn sich nicht in
einer alten holländischen bibliothek noch einmahl original oder
copie vorfindet. Achten Sie doch bei vorkommender gelegenheit
sorgsam darauf. vgl. auch Wassenberg bydragen I, 185. Es waren
26 hymni und nur viere sind davon gedruckt; das original soll
zu Oxford entwendet worden sein.

Was für uns erstanden werden wird möge Ihr herr schwiegersohn, dem ich mich bestens empfehle, unter der angegebenen
adresse an Hrn. Völkel nach Amsterdam für die kurfürstliche
bibl. in Cassel (ohne beifügung meines titels und namens) demnächst absenden. Herr Völkel ist in diesem augenblick in London,
wird aber dann hoffentlich schon wieder nach Amsterdam zurück-
gekehrt sein. Ich weiss nicht, ob wir uns, da er häufig reist, seiner
vermittlung auch in künftigen fällen bedienen dürfen, werde mich
aber erkundigen. Was keine eile hat, kann über Leipzig, z. b.
an Weigel, von der Luchtmansischen beigeschlossen werden. Von
Mnemosyne verdanke ich Ihrer güte 8 stücke, welche in der kur-
fürstl. bibliothek aufgestellt stehen. Ich glaubte nicht, dass mehr
herausgekommen sei, da mir reisende erzählten, Sie hätten sich
mit v Kampen entzweit; freue mich aber, dass die fortsetzung
erscheint und erstatte vorläufig meinen herzlichen dank für das
versprechen, uns auch mit dieser zu beschenken.

Alles was von Bilderdijk über altholländ. sprache und
poesie herauskommt, ist mir unentbehrlich; seine ansichten
scheinen mir oft einseitig und unhaltbar, immer aber scharfsinnig
und erregend, ich lerne, wenn ich ihn lese, wennschon nicht das,
was er lehrt. Seine antwort über die diminutivadverbien enthielt
nichts neues und dass die flamländ. stille kine entstellte genitiv-
formen seien, gebe ich nicht zu.

Ich bitte demnach ja die beiden bände etymolog. nachträge
zu dem buch über das genus der subst. dem nächsten (d h. dem
auctions)paquet beizulegen. Selbst die existenz dieser nachträge
war mir eine neuigkeit. Hat er nicht auch vor zwei, drei jahren?
unter dem titel mengelingen oder bydragen? zu Rotterdam? alt-

holländische gedichte und fragmente herausgegeben? Die fehlen mir auch gänzlich und ich hätte sie gern und bald. Wenn es geht, bitte ich sie auch beizulegen.

Hoffmann, den Ihre universität neulich promoviert hat, ist jetzt bei der Breslauer bibl. angestellt; er arbeitet treulich, aber ein wenig zerstreut. Kennen Sie einen Dr. Doodt zu Utrecht? er schrieb mir über altniederl. literatur und ich antwortete ihm (auf Scheltemas empfehlung), seitdem ist er verstummt. Hat denn auch Herr Hoekstra (zu Lüttich?) dem lieblingsfache nicht abgesagt?

Lassen Sie sich durch mein gefrage ja nicht in Ihren beschäftigungen stören und antworten Sie nach monaten oder jahren. Vielleicht darf ich mich auch, wenn ers erlaubt, künftig mit literarischen gesuchen gerade an Hrn. Dr. Bodel Nyenhuis wenden? Ich verbleibe mit unausgesetzter Hochachtung und Ergebenheit

der Ihrige

Grimm.

mein bruder grüsst herzlich.

Collin zu Upsal und Schlyter zu Lund kündigen eben ein C. J. antiqui Sueogotorum in 10 quartanten an, das wirklich einem bedürfnis abhilft. Man kann subscribieren. Haben Sie Schraders prodromus C. J. civilis (Berol. 1823) gesehen? Eben ist des jüngern Eichhorn (des germanisten) compendium des deutschen privatrechts herausgegeben, ein treffliches buch.

XXI.

Cassel 12. Mai 1824.

Verehrter freund, erst gestern habe ich Ihren brief vom 13. Dec. v. J. nebst dem leidner bücherpaquet empfangen. Mit diesem wege über Amsterdam durch Völkels bruder scheint es also für die zukunft nichts Der mann ist zu oft auf reisen abwesend. Wenn mir bücher und briefe 4, 5 monate liegen bleiben, können sie ebenso schnell oder schneller über Leipzig mit buch-

händlergelegenheit eintreffen. Der betrag scheint inzwischen an
Herrn Bodel Luchtmans, Ihren schwiegersohn berichtigt, ich habe
für den ganzen pack hier etwas über 28 thaler zu zahlen gehabt
(nachnahme, spesen, fracht etc. alles mitgerechnet) aber keine note
über den preis der einzelnen artikel gefunden. Da ich einige für
mich behalte, andere unserer bibl. verrechnen muss, so bitte ich
gefälligst zu bestellen, dass mir die quittierte preisnote mit der
briefpost baldigst nachgesandt werde (nicht unter meiner, sondern
unter der adresse der bibliothek des museums). Herzlichen dank
für alle gehabte mühe und für das geschenk der Mnemosyne.
Die zu ende Ihres briefes erwähnte dissertation eines schülers
von Bilderdijk habe ich nicht im paquet gefunden.

Ich freue mich darauf die neuen holländ. bücher zu lesen;
sehr lieb war mir, dass Sie die neue ausg. von Hooft haben beifügen lassen. Wenn ich nur recht zeit zum lesen hätte! ausser
bibliotheks und censurarbeiten schreibe ich bogenweise den zweiten
theil meiner gramm. in die presse, habe eine serb. grammatik
übersetzt (Berl. und Lpz. 1824) und bin dadurch mehr als ich
wollte in das an sich sehr anziehende studium der slavischen
sprachen gerathen. Ausserdem soll ich eine preisschrift über die
altdeutschen adjectiva ins reine fertig arbeiten, und gehe mit dem
Gedanken um — noch dies jahr nach Mailand zu reisen und den
Ulphilas dort zu heben. Einleitungen sind gemacht, können aber
am eigensinn der faulen, neidischen Italiener scheitern. Das niederländisch bleibt nur für erholungsstunden.

Bilderdijk würde sicher mehr leisten, wenn er nicht zuviel
auf sich selbst traute. Das schadet seinem scharfsinn und macht
ihn paradox. Ich verkenne manche vortheile und schönheiten der
niederländ. sprache nicht, aber er ist gewöhnlich ungerecht gegen
unser hochdeutsch, das er nicht genug kennt oder kennen will.
Er nennt es verdorben. Es ist wie jeder heutige dialect verdorben
im vergleich mit dem älteren. Allein es ist weniger verdorben,
als das holländische, auf welches das französische in wörtern und
in der syntax viel nachtheiliger eingewirkt hat. Überhaupt sollen
Nieder- und Hochdeutsche ihre sprache nicht als gegensätze betrachten, sondern als zwei entfaltungen eines stammes, der dadurch
um so reicher erscheint und wenn eine oder die andere entfaltung
fehlte, dann im ganzen verlieren würde. Das seltsamste scheint
mir, wenn Bilderdijk einigemal auch von verwirrung des gothischen
dialects redet und sie mittelst des niederl. beweisen will.

Hoffmann von Fallersleben (seinem geburtsorte im Braun-
schweigischen) ist ein wohlmeinender, eifriger junger mann (jetzt
bei der breslauer bibliothek angestellt) der aber zu viel unter ·
einander treibt und das meiste so schnell wieder fahren lässt, als
ers ergriffen hatte. Ändert er sich nicht, so kann er schwerlich
tüchtiges leisten. Bunsen hält sich nun schon jahrelang in Rom
auf, wo er eine schöne reiche Engländerin geheirathet hat und als
preuss. Legationsrath frei den studien obliegt. Ich denke, es soll
bald ein gelehrtes werk über Rom von ihm erscheinen.

Niebuhr reiste gestern hier durch nach Berlin. Er ist auch
persönlich höchst liebenswürdig und unterhaltend. Den winter
über hat er zu Bonn zugebracht.

Savigny war voriges jahr kränklich, fühlt sich aber gottlob
nun völlig hergestellt. Das neuste von ihm sind zwei schöne abhandlungen über das röm. Colonat und die röm. steuerverfassung,
die demnächst in den abhandl. der berl. acad. erscheinen werden.

Den plan des C. J. ant. Sueogoth. finden sie in allen deutschen
literaturzeitungen, er ist zu dick um ihn diesem briefe beizulegen.
Schraders prodromus wird lange in Ihren händen sein. Ich wünsch
für dieses unternehmen holländische subsidia herbeizuschaffen,
macht, dass ich dieser tage deshalb an Schrader schreiben werde.
Vermuthlich ergreift er Ihr anerbieten mit beiden händen und
wenn Sie ihm auf den blosen prodromus hin einstweilen mittheilungen für die institt. machen wollen, so bürge ich dafür, dass
sie willkommen sein werden.

Darf ich bitten die einlage nach Deventer abgehen zu lassen?
Mein bruder grüsst mit mir auf das herzlichste.

Grimm.

XXII.

Cassel 23. Jul. 1827.

Verehrter freund, die herrn welche mir Ihr werthes schreiben
vom 21. jun. gestern abend überbracht haben, wollen heute nach-
mittag schon weiterreisen, es bleiben mir daher nur einige augenblicke, um Ihnen zu schreiben, und Ihnen für Ihre fortgesetzte
freundschaft und bereitwilligkeit herzlich zu danken. Mit dieser
gelegenheit übersende ich Ihnen

1. einen nachtrag zum zweiten theil meiner grammatik, in etwas räthselhafter recensionsform. Fallen Ihnen gelegentlich holländische beispiele ein zu dem, was ich imperativische composition nenne, so bitte ich darum. Es sind schon einige p. 46 angeführt, andere wären: klimop (hedera), dwingland (tyrannus), druiloor (der die ohren hängen lässt) etc.

Japix nennt die sonne droeggeweg (wegtrockner). In der lykstatie van Thyl Ulespiegel stehen auch mehrere.

2. drei bogen von Docen in München, woraus Sie sehen, dass meine ausmerzung der grossen buchstaben auch andern gefällt. Es werden schon mehr bücher ohne sie gedruckt. In Ihren augen wird es gar keinen anstoss haben.

3. die fünf ersten aushängebogen eines buchs über deutsche rechtsalterthümer, das ich jetzt drucken lasse. es wird 500 bis 600 seiten stark werden und hoffentlich auch in holland einige theilnahme finden. Leider habe ich aus mangel an zeit und büchern die niederländischen urkundensamml. nicht gehörig dabei nutzen können. Schwarzenberg, Bondam etc. sind nicht auf unserer bibliothek. Hinten werde ich ein verzeichniss von 300 und mehr dorfweisthümern anhängen, die ich mit gewinn gebraucht habe; ohne zweifel gibt es bei Ihnen noch manches was dahin einschlägt. Jetzt ist es aber zu spät für dieses buch. Theilen Sie mir freimüthig mit, was Sie an der probe zu tadeln oder zu loben finden, wichtige sachzusätze kann ich nachträglich anbringen.

Von Bilderdijk höre und sehe ich nichts mehr; auf zusendung meiner grammatik hat er mir nicht geantwortet, auch seit dem allen verkehr abgebrochen. Ich achte ihn darum nicht geringer hoch, kann er meine arbeiten nicht brauchen, habeat sibi; es verlautete irgendwo, er werde bald auch mit einer sprachlehre vorrücken, in welcher, abgesehen von seinen grundideen, die ich für falsch halte, gewis viel scharfsinn entfaltet sein wird. Scheltemas Reineke habe ich noch nicht, er forderte vor einem halben jahr den Lübeker abdruck des Delfter drucks, den ich ihm mit der post geschickt habe.

Savigny ist zu Neapel oder Rom, die reise wirkt auf seine gesundheit wohlthätig ein. Des alten Eichhorns tod haben Sie vernommen, Heeren redigiert jetzt die anzeigen. Hiermit Gott befohlen; Wilhelm grüsst mit mir aufs freundschaftlichste

T. T.

Jakob Grimm.

von Mnemosyne sind in der bibl. dankbar aufgestellt:
Vol. 1 bis 13.
  empfehlenswerthe bücher sind:
    Iwein, ed. Benecke u. Lachmann Berlin 1827. Walthers
von der Vogelweide gedichte, ed. Lachmann. Berlin 1827.
Schmeller bair. wörterbuch. Stuttgart. b. Cotta 1827 th. 1.
  lesen Sie die geistreiche
    lettre à Abel Remusat sur le genie de la langue chinoise.
    par Guill. de Humboldt Paris (Dondey) 1827.

XXIII.

Cassel 26. jan. 1828.

Verehrter freund,

Durch die mir empfohlenen Leidner studenten herrn Donker
Curtius, Versfeld und Vriesendorp sandte ich Ihnen am 24. jul.
vor. jahrs zwei paquete mit allerhand druckschriften, u. a. auch
die fünf oder sechs ersten bogen meiner deutschen rechtsalterthümer. Gegenwärtig sind bei langsam vorschreitendem druck
500 seiten fertig. wie oft hätte ich unter der ausarbeitung Ihres
raths über viele materien des holländ. und fries. privatrechts be-
durft! Hugo Grotius und Groenewegen sind mir lange nicht spe-
ciell genug. Namentlich war ich dieser tage zweifelhaft, ob in
allen niederländ. provinzen das hergewede und die gerade ge-
golten hat? Welches buch hält man jetzt für das beste über den
zustand des altholländischen privatrechts? oder giebt es keinen
allgemeinen führer?

Savigny ist, seit october, aus Neapel und Rom zurück nach
Berlin, befindet sich aber immer noch leidend, obgleich er vorlesungen hält; besonders sind seine nerven in den mittagstunden
angegriffen; morgens und abends geht es besser.

Die neue ausg. von Niebuhrs röm. geschichte werden Sie
gelesen haben. Geistreicher konnte das buch nicht werden, aber
gelehrter; leichter geworden ist es nicht. mit welchen augen sieht
man es dort an?

Mein bruder grüsst mit mir auf das herzlichste.

Jak. Grimm.

XXIV.

Göttingen 23. apr. 1831.

Hochverehrter freund, Ihr gütiger brief vom 26. dec., der bereits seit einigen monaten in meinen händen ist, hat mich aufs erfreulichste überrascht. Beinahe besorgte ich schon, von Ihnen unter das alte geräthe geschoben worden zu sein, mit dem man sich nichts weiter zu schaffen macht! Ich meinerseits hatte mir stets die viele freundschaft und gefälligkeit, die Sie mir erwiesen haben, in lebendigem treuem andenken bewahrt und mich mit dem gedanken getröstet, dass man sich oft lange zeit nichts dringendes zu melden hat und alle kleineren mittheilungen auf eine schickliche gelegenheit verspart.

Jetzt aber sehe ich mit freuden, dass Sie Ihr altes wohlwollen gegen mich nicht aufgegeben haben und danke Ihnen herzlich. An den unfällen, die Sie seitdem in Ihrer familie betroffen haben, nehme ich aufrichtigsten antheil; auch ich bin nicht leer ausgegangen. Vorigen winter suchte Gott meinen lieben bruder Wilhelm mit einer schweren krankheit heim, von der er noch diesen augenblick nicht vollkommen genesen ist. In Göttingen fühlen wir uns, obgleich wir schon über ein jahr hier wohnen, noch nicht recht heimisch; zu Cassel lebte ich viel stiller, eingezogener und in glücklicherer musse. Die hiesige bibliothek kostet täglich sechs stunden arbeit, das nimmt einen zu sehr mit und überschreitet, wie mir scheint, das natürliche mass. Daneben halte ich zwar nur eine vorlesung, aber selbst diese war mir anfangs sehr ungewohnt und machte mir vorigen sommer grosse mühe. Ich spüre, dass man sich dem academischen leben früher widmen muss, um ihm rechten geschmack abzugewinnen; im vorgerückten alter hält es schwer schwimmen zu lernen.

Sie haben mich wieder durch reichliche zusendungen beschämt; wie wenig vermag ich Ihnen dagegen zu bieten! Die früheren bände der Mnemosyne hatte ich auf der Casseler bibl. aufgestellt, und habe nun auch die übrigen als ein geschenk dahin abgegeben, bis auf den ersten band der dritten folge, den ich für mich behalte. Es ist eine reiche vielfach anziehende sammlung. Das eine exemplar Ihrer abhandlung über das universitätswesen ist unsrer hiesigen univers. bibliothek einverleibt, das andere an Hugo ab-

gegeben worden. Der catalog der Leidner hss. war mir sehr
willkommen, das eine exemplar habe ich gleichfalls unsrer bibliothek
geschenkt.

Westendorps buch über die nord. mythologie kommt mir
(unter uns gesagt) sehr schwach vor; der mann hat vielerlei gelesen, aber unverdaut, und zeigt keinen anfang von gelehrsamkeit;
er hätte viel besser gethan und eine nützlichere schrift geliefert,
wenn er bemüht gewesen wäre, alle überbleibsel von abergläubischen
ideen und überlieferungen, die noch unter dem gemeinen mann in
Holland haften, vollständig zu sammeln. Der kleine aufsatz von
Staring in der neuen Mnemos. p. 315 zeigt, was noch zu thun ist.
Jetzt sind mir nur einzelne anmerkungen von Westendorp brauch-
bar, mit dem text kann ich nichts anfangen.

Hoffmanns horae belgicae (!) Vratisl. 1830 sind gewiss nach
Leiden gelangt. ich habe das buch in unsern anz. nr. 16. d. j.
beurtheilt. Seit Hoekstra todt ist, weiss ich nun in Ihrem vaterland keinen, der die alt-niederländische sprache gründlich verstände,
und auch Hoekstra befolgte ein gefährliches etymologisches system.
Eigentlich ist unter allen Huydecoper der gelehrteste gewesen,
keiner der nachfolgenden hat ihn erreicht, auch Clignett bei weitem
nicht. Ackersdijk hat wenigstens bei der mittheilung des frag-
mentes keine grosse kenntnis der alten sprache bewiesen. Bilderdijk
bleibt in allem, wo es auf historische forschungen ankommt, immer
auf dem halben wege stehen. ich habe persönlich keinen grund,
über diesen geist- und talentreichen mann hart zu urtheilen, er hat
mich stets freundschaftlich behandelt und es betrübt mich zu sehen,
wie er sich durch üble polemik und durch allerwärts vorbrechen-
den selbstdünkel sein leben verbittert hat. Seine schriften wären
ohne diese hindernisse ganz anders ausgefallen, denn an fleiss und
vielfacher einsicht fehlte es ihm nicht; aber er ist seiner sache
immer zu schnell gewis und gibt doch überall blössen. Ich habe
es noch kürzlich bei einer wiederholten durchsicht seines buches
über die genera nominum lebhaft empfunden, das in der that
durchaus unbefriedigend ist.

In diesen dingen lernt man täglich neues und muss sich dafür
frische empfänglichkeit bewahren, sonst kommt man nicht weiter.
Es ist schade, dass Ihre landsleute, die von natur so patriotisch
gestimmt sind und für alle arbeitsamen unternehmungen grosses
geschick haben, an ihre alte sprache keine rechte arbeit wenden
mögen, und die meisten hss. ungedruckt liegen lassen!

6*

Es thut mir leid, dass Ihnen meine rechtsalterthümer einigermassen misfallen. Was den tadel der weggebliebenen grossen
buchstaben betrifft, so wundert es mich, dass ein Holländer, der
selbst von jugend auf diesem gebrauch folgt, ihn in einer andern
sprache anstössig findet. Das graue papier des buchs hat damit
nichts zu schaffen, die lettern scheinen mir nicht übel und z. b.
schärfer als die womit Mnemosyne gedruckt wird. Wichtiger ist
der andere vorwurf, dass ich die holländ. literatur nicht gehörig
genutzt habe. Ich bin mir bewusst mein möglichstes gethan zu
haben, aber bücher über das ältere holländ. recht waren mir theils
unbekannt,*) theils unzugänglich. Bei genauerer durchsicht werden
Sie wahrnehmen, dass ich manches einzelne kenne und anführe
und noch jetzt lese ich holländ. urkunden des mittelalters durch,
so viel ich kann. Vieles mir dem namen nach bekannte konnte
ich nicht auftreiben, z. b. Heekeren van Nettelhorft de univers.
quae Markgenootschappen dicuntur. Traj. 1807. Während der
ausarbeitung des buchs schrieb ich an Scheltema und bat ihn um
nachweisung von quellen, namentlich von weisthümern, bekam
aber keine antwort. Können Sie mir stellen angeben, wo niederländ.
weisthümer und markgenossenschaftsprotocolle gedruckt stehen
oder vielleicht ungedruckte aus hss. mittheilen, so geschieht mir
ein gefallen. Ich denke eine starke sammlung derselben herauszugeben. Das verzeichnis am ende meines buchs hat sich seitdem
um 300—400 stücke vermehrt.

Von meiner grammatik wird diesen sommer der dritte band
ans licht treten; er enthält die pronominal- und partikelbildungen,
die lehre vom genus u. s. w. Auf den vierten band bleibt nun
die syntax aufgespart. Sobald das buch fertig ist, soll es Ihnen
mit postwagen zugehen und mein antrittsprogramm, worin die
XXVI hymnen des Junius endlich gedruckt sind, beigefügt werden.
Neue wichtige erscheinungen in diesem fache sind Schmellers
Heliand München 1830. 4. und Graffs Krist (Otfried)**) Königsb.
1830. auch in 4. Mones quellen und forschungen Aachen 1830
könnten mehr niederländ. enthalten, als er mittheilt, da er manches

*) Voel, Groenewegen u. a. waren für meinen zweck zu dürftig; eine ab-
schrift des glossars von Hasselt (bibl. soc. leid. p. 67.), wenn es nicht blos wort-
erklärungen sondern auch s a c h e n enthält, kauft unsere bibl. gern, wenn Sie die
güte haben wollen sie zu bestellen.

**) die evangelia bei Beatus Rhen. sind nichts anders als Otfried. der cod.
frising. ist jetzt zu München.

gesammelt hat. Mitteln Sie doch aus, wohin der Reinaert de
Vos, den Hoekstra·edieren wollte, gerathen ist; könnte ich den
text erlangen, ich wollte ihn gleich ordentlich drucken lassen.*)
Scheltemas buch hätte ungedruckt bleiben können. — Savigny
befindet sich ganz wohl und vollendet eben den letzten theil
seiner rechtsgeschichte. Hugo lässt sich Ihnen empfehlen, auch
mein bruder, ich verbleibe Ihr aufrichtig ergebenster freund

Jakob Grimm.

XXV.

Göttingen 30. aug. 1831.

Ich übersende hierbei, verehrter freund, das fertig gewordene
buch und bitte es mit gewohnter güte und nachsicht aufzunehmen.
Für den nächsten band (wenn ich damit ausreiche) bleibt nun die
syntax zurück, auf deren schwierige aber auch lohnende ausarbeitung ich mich freue. Vorerst aber gönne ich mir eine kleine
pause und will erst die cholera vorbeilassen, ehe ich wieder die
feder ansetze.

Der erfolg, den Ihr feldzug gegen die elenden Belgier gehabt
hat, ist in Deutschland mit warmer theilnahme empfunden worden.
Wie oft haben wir hier bei vertrauter mahlzeit die gesundheit der
braven Holländer ausgebracht! Alle glücklichen resultate in unserer
zeit hängen vom handeln ab und jede engherzige politik, wie die
der Londoner conferenz, muss zu schanden werden. Meine ansicht
von dem belgischen unwesen steht schon in num. 16 unserer anz.
vom 29. jan. d. j. bei der rec. von Hoffmanns horae belg. ausgesprochen.

Savignys sechster band muss fertig sein; die schrift über den
beruf hat eben ein Engländer (Abrah. Hayward) unter dem titel:
of the vocation of our age for legislation and jurispr. Lond. 1831
übersetzt. Der erste band von Eichhorns kirchenrecht macht ver-
dientes aufsehen und es werden dadurch viele anmassenden an-

---

*) den lat. Reinardus habe ich an Mone überlassen, der davon noch eine
bessere hs. aufgespürt hat.

sichten der neueren catholischen partei beschwichtigt und abgewiesen. Ein Marburger prof. (Bickell) wird eine gelehrte gesch.
des canon. rechts liefern, nach dem vorbild des Savignyschen
werkes.

Ich verbleibe unter den herzlichsten grüssen mit unveränderter
hochachtung und freundschaft der Ihrige

Jak. Grimm.

XXVI.

Göttingen 15. sept. 1832.

Werthester freund,

    wir schreiben uns jetzt nur nach längeren perioden und lassen
jahre verstreichen, eh wir antworten. Sein Sie indessen überzeugt,
dass das andenken an Ihre freundschaft noch unveränderlich bei
mir fortlebt.

    Ich habe nun endlich die lange niedergelegte arbeit über
Reinhart Fuchs wieder vorgenommen, und bin im begriff ein buch
zu schreiben, worin die ganze fabel nach allen bearbeitungen ab-
gehandelt werden soll. Mones herausgabe des lat. gedichts (nach
bessern hss. als mir zu gebot gestanden) hat mich dazu aufgeregt;
ich bin aber glücklicherweise einem noch etwas älteren lat. werk
auf die spur gerathen. Mones commentar ist ganz verwerflich und
unhaltbar. Alles was er hat drucken lassen ist aus der zweiten
hälfte des XII. jh., nichts aus dem IX.

    Dabei lasse ich nun auch unser hochd. gedicht aus dem XIII. jh.
und das niederländische drucken, d. h. das Comburger und
v. Wijnsche fragment. Nun können Sie ermessen, dass mir die
unterbliebene herausgabe der anderen aufgefundenen hs., welche
das gedicht des Willem die Madock enthält (Konst u. Letterbode
1826. 23. Jun.) sehr hinderlich ist. Hoekstra wollte sie besorgen,
starb aber darüber. Ist seitdem das werk von einem andern übernommen worden und vielleicht schon gedruckt? Wir sind manchmal jahre lang ohne literar. nachrichten aus Holland. Wäre es
heraus, so bitte ich mir ein exemplar mit postwagen aus. Ist es

aber, wie ich fürchte, noch ungedruckt, so fragt sichs, ob von Hoekstras erben oder dem eigenthümer der hs. etwas zu erlangen ist? Ich lasse, wenn man mir die sache anvertraut, alles sogleich vollständig drucken.

Nach beendigung dieses buchs will ich eine deutsche mythologie schreiben und dann den vierten theil der grammatik. Den dritten müssen Sie bereits ein jahr lang empfangen haben? Ist ausser dem Emsiger landregt von 1312 door Montanus Hettema Leeuwarden 1830, welches ich besitze, im fach des fries. und altholländ. rechts etwas bedeutendes erschienen?

Hoffentlich hat die cholera jetzt bei Ihnen ausgewüthet, und in Ihrem haus keinen getroffen! Bisher sind wir noch verschont geblieben, jetzt aber rückt sie uns von zwei seiten immer näher. Ihre hiesigen bekannten sind wohl, namentlich Hugo; auch Savigny in Berlin.

Mit herzlicher hochachtung und freundschaft stets

der Ihrige

Jak. Grimm.

ANHANG.

~~~

I.

Jakob Grimm an Willem Bilderdijk.

I.

Monsieur et très respectable ami

Je m'empresse de repondre à votre lettre du 19 de ce mois, qui m'honore de votre confiance dans une occasion, dont je verrais avec joie disparaître et les causes et les motifs. quelquils soient au reste, je ne saurais nullement concevoir, comment votre patrie peut hésiter un instant de se prêter à tout ce qui serait capable de vous retenir au milieu d'une nation, qui vous révère sans contredit comme le premier de ses poëtes et écrivains vivans. La Hollande entière regretterait votre absence, et vous en seriez d'autant plus infortuné. L'expatriation est une chose dure, et des plus amères de la vie; je ne puis pas m'abstenir de vous transcrire un passage d'Otfried, qui m'a toujours plû à cause de sa simplicité et de sa verité: (Evang. Lib. I. cap. 18. v. 73 sqq.*)

> uuolaga elilenti!
> harto bistu herti!
> thu bist harto filu suar,
> thaz sagen ih thir in ala uuar,
> mit arabeitin uuerbent
> thie heiminges tharbent.

---

*) il serait superflu, de vous ajouter la version de ce passage; il ne faut pas s'en tenir à celle de Schilter, mais plûtot à celle du savant Scherz, dans les notes imprimées en bas du texte.

ih haben iz funtan in mir,
ni fand ih liobes uuiht in thir,
ni fand in thir ih ander guat,
suntar rozagaz muat,
seragaz herza
ioh managfalta smerza!

maintenant je ne vous parlerai plus ni de mon étonnement, ni de mon émotion, mais je tâcherai de vous donner tous les details que vous me demandez sur la ville de Cassel.

L'on y vit moins cher, qu'à Berlin et à Hannovre, mais les prix de presque tous les besoins de la vie ont considerablement augmenté en comparaison avec l'état des choses, tel qu'il était au commencement de ce siecle. Avec 800 écus vous pourriez, je crois, subsister ici; nous n'en avons pas davantage, moi et mon frère, nos appointemens de nous deux montent à 900 ecus et nous n'avons presque pas d'autre fortune. Nous vivons garçons tous les deux, avec notre soeur. nous buvons du vin tous les jours, mais sobrement, et nous ne mangeons pas des mets exquis. en général on mange assez mal dans ce pays, la cuisine hessoise est très inferieure à celle de Francfort ou à celles de la Souabe. avec 800 ecus vous ne devriez prendre en service point de domestique mâle, mais vous contenter d'une seule servante. Le logement vous viendrait à 60—80 ecus par an, à moins qu'il ne faudrait des pièces entières p. e. pour y placer votre bibliotheque. Les impôts de l'etat sont peu considerables pour ceux, qui n'ont pas des proprietés foncières.

Les agrémens de la ville se bornent presque à ceux de sa situation; elle n'en offre pas pour la societé; le theatre est médiocre. notre bibliotheque publique vous rendrait quelque service, mais le voisinage de Göttingue etant très commode, vous pourriez de tems en tems y faire des courses.

Pour vous dire mon opinion en peu de mots, elle est, qu'avec les moyens de votre fortune vous pourriez vivre honnêtement *en allemand*, mais vous devriez peutêtre renoncer à cette aisance, dont un savant français quoique sobre, ne saurait se passer qu'avec peine. Je ne connais pas assez les moeurs hollandaises; il me parait qu'à l'exception près de l'extrême propreté et regularité, votre manière de vivre convient plus à la manière française, l'Allemagne ayant un caractère moins agréable que la France et plus libre que la Hollande. Nos moeurs sont beaucoup plus variées.

Au reste votre prémier sejour en Allemagne a deja bien pu vous faire connaître notre pays et vous apprendre les privations, auxquelles on y doit s'attendre. Soyez convaincu Monsieur, que moi et mon frère nous ferons ici tout ce qui pourra vous être agréable; nous serons pour ainsi dire les seuls qui gagnerons de l'évènement, qui vous éloigne de votre sol natal.

Jai lhonneur d'être avec respect

Monsieur

Cassel, le 27 Fevr.   votre très h^ble et très obeisst.
   1817.   serviteur et ami

Grimm.

2.

Cassel 12 Juillet 1822.

Monsieur et très respectable ami,

le voyage de S. M. la reine des pays-bas à Cassel me procure l'occasion de vous faire parvenir un exemplaire de la seconde edition de ma grammaire.*) Elle vaut mieux j'espère, que le premier coup d'essai, .elle a considerablement grossi de corps; il ne m'appartient pas de juger, si j'ai reussi à repandre autant d'esprit grammatical, qu'il en faut au moins, pour qu'une pareille masse d'observations pénibles ne paraisse pas infructueuse ni fastidieuse aux yeux du public. Il est vrai, que vous ne m'en avez rien dit sur la première edition; que je n'ai pas manqué de vous transmettre lors de son apparition. Je l'ai pris d'abord pour un signe de votre desapprobation; plus tard j'ai préféré de croire, que vous avez voulu vous éviter l'embarras, d'entrer en discussion sur des objets, qui à cause de la prolixité de leur detail ne peuvent point être traités dans quelques lettres. Je n'ose donc pas vous demander votre opinion sur l'ensemble de mon ouvrage, mais je m'estimerais heureux d'apprendre, que mon developpement des voyelles et consonnes hollandaises p. 466—506 ou bien mon idée sur la degradation des consonnes muettes p. 584. ne vous déplût pas entièrement. Je me suis aussi un peu mêlé de l'orthographe de l'hollandais d'aujourdhui et il m'a été impossible de me règler d'après celle de M^r. Siegenbeek.

---

*) M^r le Bon de Cattendyk a la bonté de s'en charger.

Mr. Hoffmann, qui se loue beaucoup de votre bonté, comme
en général de la complaisance de tous les savans hollandais, m'a
parlé de quelques ouvrages que vous meditez, ou que vous avez
déjà publiés, relatifs à votre ancienne literature.   Ils repandront
sans doute de nouvelles lumières sur cette partie là.

J'ai l honneur d'être avec une inaltérable consideration

Monsieur

Votre très devoué serviteur

Grimm.

II.

Wilhelm Grimm an H. W. Tydeman.

Cassel den 29. Jan. 1815.

Wohlgeborner, hochgeehrtester Herr,

Durch Herrn D. Bunsen habe ich in diesen Tagen Ew. Wohlgeb. Brief an meinen Bruder sowie die drei Bücher und das Diplom
richtig erhalten; ich werde nicht versäumen, dieses wohl aufzu-
heben und jenen mit erster Gelegenheit nach Wien abzuschicken.
Seit dem September befindet sich mein Bruder dort und ich
zweifle, dass er vor Ende März wieder bei mir seyn wird.
So vielfach er dort beschäftigt und von der grossen Angelegenheit, an welcher wir Deutsche von Herzen hängen, bewegt
wird, so hoffe ich doch, dass es ihm möglich ist, Ihren freundschaftlichen Brief bald zu beantworten.   Im Voraus indess, damit
nicht allzuspät die Nachricht von dem richtigen Empfange des
überschickten anlangt, nehme ich mir die Freiheit Ihnen einiges
zu erwidern.   Ich sehe mich dabei als einen nicht völlig Fremden
an und hoffe, da ich mit meinem Bruder gemeinschaftlich und in
derselben Sache arbeite, dass Sie einen Theil Ihrer Freundschaft
auch auf mich übertragen.
Wir sind dieses Jahr anhaltend beschäftigt gewesen, indem
wir manches von dem, was lange vorbereitet war, zu Ende zu
bringen und theilnehmenden Freunden dieser Literatur zu übergeben dachten.   Die E d d a müsste jetzt schon fertig seyn, wenn
nicht mancherlei Umstände den Druck gegen all meine Wünsche

in die Länge zögen. Erst waren neue isländische Buchstaben zu
schneiden und zu giessen, nun aber, als die fertig geworden, erfordert fast jeder Bogen drei Wochen Zeit. Der Druck geschieht
in Halle an der Saale, da es aber unumgänglich nöthig ist, dass
ich die Correctur selbst besorge, so läuft ein solcher Bogen allein
auf der Post über eine Woche hin und her. Auf diese Art sind
jetzt erst n e u n Bogen fertig, doch hoffe ich, dass die erste Abtheilung noch diesen Winter wird vollendet seyn. Wir geben den
isländischen Text mit einer gegenüberstehenden wörtlichen Übersetzung, sodann critische und erklärende Noten unter den Text,
endlich eine klare und allgemein verständliche Übersetzung in
Prosa. Nach der zweiten Abtheilung des Originals wird der dritte
Band ein schon ausgearbeitetes Glossar und der vierte den Commentar enthalten. Was Hagen geliefert, ist in der That blos geschehen, um uns zuvorzukommen. Er hat n u r d e n i s l ä n d.
Text ohne alle Erklärung und Critik so fehlerhaft abdrucken
lassen, dass dieses Buch völlig unbrauchbar ist. Unsere a l t -
d e u t s c h e n W ä l d e r fangen mit diesem Jahre wieder an und
das a c h t e Heft ist so eben fertig geworden; ich habe darin
einige nicht unmerkwürdige Erzählungen aus einer Gothaischen
Handschrift herausgegeben und erklärt. Ich bin so frei eine Ankündigung beizulegen, vielleicht finden Sie Gelegenheit sie den
Freunden dieser Literatur bekannt zu machen. In das nächste
Heft werden weitere Bemerkungen zu unserm Hildebrandslied von
meinem Bruder eingerückt; woselbst auch einer trefflichen Bemerkung des Hn. Hoekstra gedacht wird. Seyn Sie so gütig
diesen Gelehrten, von dem mir D. Bunsen vieles erzählt, das ich
mit grosser Theilnahme vernommen, von unserer Dankbarkeit für
alle Mittheilungen, so wie von unserer aufrichtigen Hochachtung
zu versichern; sobald die dringenden Umstände es erlauben, wird
ohne Zweifel mein Bruder ausführlich seine Briefe beantworten.
Dasselbe gilt von Hn. Bilderdijk und Scheltema, wir freuen uns
sehr auf ihre Beiträge zu unserer Ausgabe des Reinaerd Vos.
Sie werden wissen, dass wir eine Abschrift von dem hochdeutschen
Gedicht Reinhart Fuchs des Glichsener aus der Vatican. Hs. erhalten, eine zweite hat sich zu Colocza in Ungarn gefunden und
auch diese hoffen wir zu erlangen. Der a r m e H e i n r i c h wird
so eben gedruckt, es ist ein sehr treffliches Gedicht und wir
wünschen nur, dass unsere Arbeit dessen würdig sey. Die Strassb.
Hs. liegt zum Grund und die Vatican. ist in den Noten mitgetheilt

und im Text benuzt. Auch ist der zweite Band unserer Kinder-
und Hausmärchen fertig geworden. (Berlin in der Realschul.
B.) Sie sehen, dass wir es wenigstens nicht an Fleiss haben fehlen
lassen. Ich würde gern ietzt eine kleine Übersicht unserer neuen
Literatur folgen lassen, wie früherhin mein Bruder, wären ietzt
nicht die Schranken des Zwangs, die uns trennten, niedergerissen,
und Ihnen demnach unsere literarischen Blätter zugänglich. Ich
begnüge mich also, nur noch einige Fragen zu beantworten. Die
beste Recension von Hagens Nibelungen findet sich in der Jena.
Lit. Zeitung 1814 No. 51. 52. von Docen. Ein Hauptfehler dieser
Ausgabe ist, dass die Lesarten aller Handschriften, die der Herausgeber hat sich verschaffen können, unter einander geworfen sind,
wodurch ein Text entstanden ist, der nie auf diese Weise da-
gewesen. Zu Wien hat mein Bruder den zweiten bisher verlorenen
Hohenemser Codex in den Händen eines Privatmannes gesehen
und, soviel es erlaubt wurde, benutzt; es ergibt sich daraus eine
grosse Anzahl ganz neuer Strophen. Die altdeutschen Wälder werden nächstens darüber eine Abhandlung enthalten, wodurch
recht einleuchtend sich zeigen muss, dass jede eigenthümliche
Recension und Handschrift ihre eigene abgesonderte Behandlung
verlangt. Mit der grössten Theilnahme habe ich von D. Bunsen
gehört, dass H. van Wijn sich erinnere in Brüssel das Manuscript von einem altholländischen Nibelungen-Lied
gelesen zu haben, welches sich noch dort befinden müsse.
Eine wichtigere Nachricht konnte es für uns kaum geben, ich bitte
Sie, so dringend und angelegentlich, als ich vermag, diese Spur zu
verfolgen und einen Weg auszumitteln, auf dem man zu einer
sicheren Nachricht gelangt. Ja wäre es nur ein noch unbekanntes
altdeutsches Manuscript dieses Gedichts, so wäre schon dies überaus
wichtig. Sollte keiner Ihrer Freunde einen Bekannten in Brüssel
haben, der sich die Mühe nähme, die dortigen Mss. nachzusehen?
Welche schöne Vereinigung altholländischer und altdeutscher Dichtung könnte sich ergeben, Siegfried ist König aus Niederlanden
und die Sage von ihm sollte, sich wohl erhalten haben.

Die Abhandlung über Epos, Mythe und Geschichte befindet
sich nicht besonders, die ganze Zeitschrift Schlegels aber verdient
gekauft zu werden und enthält noch merkwürdige Aufsätze z. B.
von Görres über den Hunibald und das Vatican. Mscpt der vier
Haimonskinder. Historia Hialmari — ex fragmento Ms. runici ist
ein Betrug den man dem Peringskjöld gespielt; es gibt kein

Ms. mit Runen und das ganze ist erfunden. — Büschings Volksmärchen sind ganz von unserer Sammlung verschieden, sie enthalten manches gute, sind aber grösstentheils aus Büchern zusammengestellt. Die Sammlung für altdeutsche Lit. und Kunst
von Hagen, Docen etc. nur ein Heft, ist sehr unbedeutend.

Geben Sie ja nicht Ihr Vorhaben zu einer Zeitschrift mit
Hoekstra auf, wir hier freuen uns sehr darüber. Ich kann nicht
schliessen, ohne Ihnen noch einmal die Bitte wegen des Manu-
scriptes der Nibelungen zu Brüssel ans Herz zu legen.

Schenken Sie mir Ihre schätzbare Freundschaft und Theilnahme der ich mit der vollkommensten Hochachtung bin

Ew. Wohlgeboren

ganz ergebenster

W. C. Grimm.

Bibliothekar an der grossen Bibliothek
im Museum.

III.

Hoffmann von Fallersleben an H. W. Tydeman.

1.

Ew. Wohlgeb.!

Meine Bemühungen, freundschaftliche Verbindungen mit
Holland anzuknüpfen, waren bis dahin vergeblich. Durch die neue,
mir sehr werthe Bekanntschaft des Herrn Prof. van Swinderen
aus Groningen hoffe ich aber, meine langgehegten Wünsche eher
verwirklicht zu sehen. Mein Studium mit deutscher Geschichte
und Sprache erfordert nämlich manche Mittheilungen, und da es
sich, wie natürlich, auch über Holland erstreckt, auch von dorther,
dieselben. In Zuversicht dann auf die rühmliche Erwähnung des
H. van Swinderen von Ihrer Liebe für Hollands Sprach-, Sitten-
und Kunstdenkmäler, wage ich es, Ihre Gefälligkeit in Anspruch
zu nehmen.

Zunächst möcht ich wissen, ob der jetzige Volksgesang
noch Spuren alter merkwürdiger Lieder, oder auch
nur Weisen bewahre, und in welchen Gegenden das
Volk am singlustigsten geblieben sei? —

Bei einer künftigen Reise nach Holland müsste die Beantwortung dieser Frage von grosser Wichtigkeit sein. Da man
nicht alle Gegenden berühren kann, so wählte man sich solche
aus, wo man seiner Ausbeute am versichertsten ist.

Ich besitze schon jetzt eine Sammlung alth. Volkslieder,
einzig in ihrer Art durch Schönheit und Eigenthümlichkeit ihres
Inhalts und ihrer Weisen. Eine hochdeutsche Übeŗtragung einiger
derselben werde ich jetzt drucken lassen, um Theilnahme daran
in Deutschland und — Holland zu erregen. Dann aber bin ich
Willens, sie im künftigen Sommer (1821) im Original öffentlich
mitzutheilen. Eine Abhandlung soll ihnen vorausgehen über die
Entwickelung des holländischen Volksgesangs, worin das frühere
poetische Leben der Niederlande geschildert und verglichen wird
mit gleichzeitigen Erscheinungen in Deutschland, vorzüglich im
Norden, es soll auch darin beurtheilt werden Form und Stoff
dieser Lieder, wiederum mit Deutschen und anderen verglichen.
Dann werden erklärende Anmerkungen folgen, sprachlich und ge-
schichtlich, über jedes Lied, und literarische Nachweisungen, und
zuletzt eine Übersicht der holländ. Volksliederbücher nach der
Zeitfolge. Der Text liefert rein, unbeschnitten und unverfälscht
die Lieder selbst, und drüber stehen die alten Weisen, welche
ich aus den Souter Liedekens u. a. geistlichen und weltlichen
Notensammlungen in den jetzt gangbaren Violinschlüssel, mit genauer Taktbezeichnung übertragen lasse. Das Schwierigste dabei
bleibt Berichtigung des Textes, Vertilgung der orthographischen
Willkürlichkeiten, Einführung genauer Interpunktion und durchge-
führte der Zeit angehörige Schreibung.

Mein Freund Jakob Grimm zu Kassel sandte mir schon
früher aus seinem Vorrathe, was sich für meinen Zweck eignete.
Es war jedoch wenig. Ein wahrer Schatz ward mir aber zu Theil
durch Radlofs gefällige Mittheilungen. Ich erhielt von ihm 't
dubbelt verbeterd. Amsterd. Liedt-Boek. Sie sehen aber, es sind
noch immer zu wenig Mittel. Ein anderes Liederbuch entdeckte ich
auf der wolfenbüttler Bibliothek. Ich sprang vor Freuden auf und
wollte es gleich mitnehmen. Das ging nicht. Der Bibliothekar Langer
war gestorben; die Vorschriften an den Bibliothek-vorstand gingen
dahin, kein Buch auszuleihen in die Ferne. Ich wandte mich aber doch an
einen dortigen Bekannten, und ich wurde abgewiesen mit meiner Bitte.

Nach einem literar. Quellen - Verzeichniss (früher in Grimms
Besitz,) welches in Holland angefertigt ist, zu urtheilen, — wie

Herr van Swinderen versicherte, haben Sie eben dazu eigenhändig
Anmerkungen geschrieben; — giebts der Sammlungen gar viele,
worunter besonders dem Titel nach versprechend sein müssen:

Verschiedene Nederduitsche Gedichten. Amst. 1653 – 1659.
kl. 8. 2. Stück.

Clioos Kraam. Leeuward. 1656.

De zakelyke, snakelyke, smakelyke en niet min vermakelyke
Minnebroers zak.

De Leeuwsche Nachtegaal. 4⁰. — Midd. 1623. 8.

Het Brabandsch Nachtegaalje 1654.

Amsterdamsch Minnebeekje.

Het kleine Lusthofje van de Ryp.

Het Goudvinkje.

Rommelzootje.

Nieuw Geuze Liedeboek. 1581. Amst. 1616. Dordt. 1659.

Veelerhande Liedekens uit het Oud. en N. Testam. by
Breftkens. 1583.

Dirk Volkz. Koornhert Liedeboek 1580.

Nieuwjaars Liedekens der Amst. Kamer. 1581. Amst. 1618.

De Blomhof der Nederduitsche Jeugd. 1610. u. s. w.

Sollte ich von diesen Sammlungen etwas zu Kaufe oder,
weil sie so selten sind, mitgetheilt erhalten können, es müsste mir
eine grosse Freude sein. Ich ersuche Sie desshalb angelegentlich,
mir recht bald mal Nachricht darüber zu geben. Auch bitte ich,
wo Sie Liederweisen finden, in alten Liederbüchern oder sonst
wo, es mich wissen zu lassen. Gottlob, der Verkehr mit Holland
wird nun immer weniger schwierig und mit der Zeit recht er-
freulich werden.

Eine andere Frage wäre: Haben sich Sagen und
Mährchen erhalten, und wo vorzüglich, auf den
Inseln, an den Seeküsten, oder wol gar mitten im
Lande? Ihre Aufzeichnung giebt Aufschluss über den alten
Sitten - und Religions - Zustand, und berührt in mehr als einem
Faden die Landesgeschichte. Bis jetzt mag wol nichts, oder nur
wenig dafür in Holland geschehen sein. Es lässt sich aber erwarten, dass man auch dort den übrigen germanischen Ländern
nicht nachstehen wolle. Selbst in Dänemark ist vor längerer Zeit
eine Samml. aller bekannt gewordener Sagen und Mährchen erschienen nach Art der Grimmschen in Deutschland, wo zugleich
die Quellen angegeben werden, woraus man geschöpft hat.

Über Sitten, Gebräuche und Trachten wissen Sie
wol eher Auskunft zu geben. Holland erhält ja dadurch bei
allen Fremden ein so grosses Interesse, und dies Interesse ist in
hundert Reisebeschreibungen mit Schilderungen des Einzelnen aus-
posaunet worden. Aber keiner hat weiter nachgeforscht, um etwa
daraus Volksstämmen, Verwandtschaften derselben mit andern
deutschen u. dergl. auf die Spur zu kommen; und sich dadurch
manche Erscheinung zu erklären, die bis dahin dunkel geblieben. —
Ich wünschte gern eine Bildergallerie der Bewohner aller
Landschaften Hollands zu haben. Wie ich höre, giebt es solche
Abbildungen zu Amsterdam, wie in Deutschland zu Nürnberg.
Die Körperbildung, vorzüglich das Gesicht, begünstigt jene Forschungen über Abstammung und Verwandtschaft der Völker, obschon nicht zu leugnen ist, dass durch Volksvermischung und
Klima die nationale Bildung bedingt wird.

Aber, frage ich nun weiter, was ist in Holland für die
vaterländische Sprache besonders für die Mundarten derselben geschehen? Es giebt gewiss recht merkwürdige Mundarten, unter andern die friesische. Zunächst müsste
die Sorgfalt dortiger Sprachfreunde dahin gehen, den ganzen mund-
artlichen Wortvorrath, der nicht in die Schriftsprache aufgenommen
wurde, in Idiotiken öffentlich bekannt zu machen, wie solches in
vielen Gegenden Deutschlands bereits, aber noch nicht zur Genüge,
geschehen. In Holland kenne ich jedoch kein einziges Werk der
Art, ich müsste sonst ältere Glossarien dahinrechnen. — So wäre
auch ganz gut, wenn sich die dortigen Maatschappijen angelegen
sein liessen, ein Verzeichniss aller älterer handschriftlicher Sprach-
und Kunstdenkmäler anzufertigen, um bei einer künftigen (sehr
wünschenswerthen) Herausgabe der Werke selbst eine Übersicht
und Wahl zu haben.

In Wolfenbüttel fand ich neulich Jakob van Maerlants
Gedicht von Natur und Eigenschaften der Kreaturen (Biblioth.
Guelferb. Catal. Codd. Manuscr. August. 58. 7. fol.), wovon ich
nie früher was gewusst hatte. Und so mögen wol noch manche
Sachen im Staube der Bibliotheken liegen, wovon kein Mensch
weiss. — Hat man denn kein holl. Gedicht vor Jakob van Maerlant und Melis Stoke? — Keine Mimnelieder, ausser denen, so
man in der manessischen Sammlung findet? —

Ich habe jetzt ein Bruchstück eines Altniederdeutschen Gedichtes, worin die Thaten Rolands erzählt werden. Es sind zwei

7

Pergamentblätter in fol., jedes Blatt hat zwei Spalten, jede Spalte
enthält 50 Verse, das Ganze also 400. Die Schrift scheint aus
dem 13. Jahrh. zu sein. Ich setze Ihnen hier einige Verse her,
die ich ganz genau abschreibe, damit Sie solche in einer holländischen Zeitschrift mittheilen:

> Doe sprac og' so'd' waen
> Roel' brindi R. gevaen u. s. w.

Das Gedicht ist also sowol wegen des Inhalts als auch der
Sprache älter als Melis Stoke und selbst Maerlant.

Jetzt will ich schliessen. Ich fürchte so schon, zu viel geschrieben zu haben. Eben kommt Herr Pr. van Swinderen zu
mir; ich händige ihm diesen Brief ein.

Sie werthgeschätzter Herr können und werden nun mir, das
hoff ich und wünsch ich, befriedigende Antwort geben, sobald es
Ihre Geschäfte erlauben! Für jede Mittheilung werd ich dankbar
sein, und mich bestreben, dasselbe Ihnen und Ihren Landsleuten
zu thun, was Sie mir thun.

Leben Sie recht wohl.

Ew. Wohl.

Bonn	geh. D.
Sonntags 9. Heumond. 1820.	

Hoffmann von Fallersleben
Bibliothekassistent zu Bonn
wohnhaft beim Prof. Radlof.

2.

Ew. Wohlgeb.

haben wahrscheinlich mein früheres Schreiben im letztvergangenen
Sommer nicht erhalten. H. Prof. van Swinderen versprach mir
zwar dasselbe zu besorgen. Ich machte Sie darin aufmerksam
auf altholländische Liedersammlungen, indem ich Willens bin ein
Büchlein älterer holl. und flaml. Volkslieder mit ihren Weisen etc.
herauszugeben.

Ich habe noch jetzt das grösste Zutrauen zu Ihnen, weil Sie
durch H. Luchtmans sagen liessen, alle Anfragen der Art auf das
Bereitwilligste zu beantworten.

Ich bitte Sie also, mir in meinem Vorhaben zu helfen, und
ersuche Sie um gefällige Nachweisung oder Mittheilung der älteren

holl. Liedersammlungen, so bei Jan van Ghelen, Jan Roulans erschienen, das Geuze-liedeboek, die Souterliedekens etc.

Jeder Beitrag wird mir höchst willkommen sein, indem mir
nichts für mein Vorhaben gering scheint, was ich leider bei Ihren
Landsleuten mit Bedauern sehen muss. Es scheint bei denen dort
entweder alles Interesse für die Denkmäler vaterl. Litteratur
untergegangen, oder nicht geweckt zu sein.

Können Sie mir keine Auskunft geben, ob in der ältern
holländ. Litteratur dramatische Versuche, Mysterien, Vastnachts-
spiele u. dgl. vielleicht noch aus den Kammern der Rederijkers
of Sprekers vorhanden sind?

Ich besitze eine Abschrift einer alten Komödie, Theophilus,
die in einer Mundart verfasst ist, welche nahe ans Holländische
gränzt; ich werde sie herausgeben und meinem Freunde Jak. Grimm
widmen — sollten nicht Spuren davon auch in Holland sich
finden? Die Idee ist genommen aus Promptuar. Discipuli de Mira-
culis beatae Mariae Virginis. Exempl. XXXXII.

Auch habe ich neulich mehrere altholländische Erzählungen
aus dem 13. Jahrh. gesehen beigebunden einem holl. Tristran aus
derselben Zeit. Giebt es nicht in den Bibliotheken Hollands
mehreres Handschriftliche der Art?

Sie würden mich sehr verbinden, wenn Sie mir recht bald ant-
worteten. Sie glauben nicht, was es schwer ist, hier in Deutschland
selbst am Niederrhein, sich zu unterrichten von der ältern holl.
Sprache und einigermassen mit ihren Denkmälern bekannt zu
werden.

Leben Sie wohl.

Ew. Wohlgeboren

Bonn am Rh.   ganz ergebenster
22. Christm. 1820.

Hoffmann von Fallersleben.
Bibliothek - Assistent.
Spitalgasse bei Mohr No. 341.

3.

Lieber Freund!

Ich wünsche Ihnen ein Neujahr, welches Ihnen Trost und Linderung für Ihre Schmerzen bringt, und reichlichen Ersatz gewährt in dem, was Ihnen geblieben ist, im Kreise Ihrer Familie, im Verkehre mit Ihren Nebenmenschen, und in der lauteren Quelle des Wahren und Schönen, der Wissenschaft und Kunst. Ja, Sie haben viel Ungemach erlebt, und ich bewundere, dass Sie unter solchen Umständen kräftig und standhaft geblieben sind!

Auch ich habe einen Verlust erlitten, den ich nie genug beweinen kann. Mein guter Oheim, H. A. Hoffmann, Pfarrer zu Mühlhausen im Waldeckischen, hatte in den letzten Jahren ernstlicher den Wunsch gehegt, seine drückende häusliche Lage zu verbessern. Er erfreute sich der Achtung und des Wohlwollens dreier Fürsten, aber in einem so armen Lande — er galt unter seinen Amtsbrüdern und in der gebildeten Welt für einen vortrefflichen und sehr gelehrten Mann, aber — Im Sommer 1824 zeigte sich doch endlich Hoffnung zu Erfüllung seines lange gehegten Wunsches. Die Pfarre zu Odershausen, die einträglichste im ganzen Lande, wird erledigt. Beinahe alle Pfarrer bewerben sich darum. Der Fürst aber erklärt, dass der Pfarrer zu Mühlhausen der Verdienstvollste und Würdigste ist, und so wird dann mein Oheim zum Pfarrer zu Odershausen ernannt und schon im Sept. eingesetzt. Am 11. November tritt er allein seine Reise dahin an; der Tag ist trübe und regnicht, die Nacht übereilt ihn, und der Fuhrmann, unkundig des Weges, geräth eine Viertelstunde von Oderhausen auf eine steile Anhöhe und — wirft um. Mein Oheim stürzt in einen Abgrund 124 Fuss tief und wird zerschmettert. — Wunderliches Geschick! der unter mancherlei Trübsalen und Leiden gelebt, findet im Glücke seinen Tod!

Ihre Nachricht über Bilderdijk vernehme ich mit vielem Leidwesen. Was diesen in jeder Hinsicht ausserordentlichen Mann veranlasst, allen Verkehr mit seinen wohlwollenden Umgebungen abzubrechen, bleibt mir ein Räthsel, und da ich nicht Gelegenheit habe, selbst zu sehen und zu hören, so wage ich auch nichts darüber zu sagen. Ich kann nur sehr zufrieden mit ihm sein; er ist gegen mich allezeit offenherzig und wohlwollend gesinnt. Sollte nicht eine physische Abspannung und daraus allmählig sich entwickelte Gemüthsverstimmung grossen Antheil haben an allen diesen befremdenden Erscheinungen?

Ich hatte an B. geschrieben, wie sehr ich wünschte, dass er meine Abhandlung (ich hätte bestimmter sagen sollen: altholl. Sprachdenkmale) herausgäbe. Jetzt fragt er an, was ich darunter verstehe? und erklärt sich bereitwillig, dasjenige, was er bereits von mir in Händen hat, bekannt zu machen. Dies alles ist aber eben die Ergänzung meines grösseren Werks. Was soll ich nun thun? Damit die ganze Angelegenheit nicht ins Stocken geräth, schreibe ich an B.: dass mir sein Vorschlag sehr willkommen ist! Ihnen aber, lieber Freund, schreibe ich ebenfalls: dass mir auch Ihr Vorschlag sehr willkommen ist! Sorgen Sie also, dass die alth. Sprachdenkmale, welche man füglich als ein für sich bestehendes Werk betrachten kann, der Maatsch. van N. L. von der philos. Facultät überlassen werden, und dass die Maatsch. Ihnen die Herausgabe überträgt. Ist dann endlich die Handschrift in Ihren Händen, dann werden Sie das Vorhandene noch dies Jahr druckfertig machen. Sie können den Titel etwa so stellen: Übers. der Alth. Sprachd., angefertigt in den Jahren 1821—1826. — dann versteht sich von selbst, dass darin alle neueren Entdeckungen und Nachrichten mit enthalten sind. Unterdessen erscheint, was Bilderdijk von mir besitzt —, und ich selbst werde weder Geld noch Mühe scheuen, mir aus Deutschland Beiträge und Berichtigungen zu verschaffen. Zu Pfingsten trete ich meine Reise nach Wien an und ich verspreche mir für unsere altholl. Litteratur manchen Fund. Noch im Laufe dieses Jahres werde ich Ihnen meine Ausbeute schicken, die Sie dann verarbeiten können. Ja, lieber Freund, machen Sie es so, wie Sie mir schreiben! Sie müssen diese Sache nie als eine persönliche betrachten! da würden Sie mein ganzes Streben verkennen. Ich wünsche auch jetzt immer mehr, dass meine Abhandlung holländisch erscheint, damit auf diese Weise der vreemdeling in den Hintergrund tritt.

Ich bin und bleibe ein Fremdling, weil ich einmal kein Holländer, sondern nur ein Deutscher sein kann. Aber ich kann es mit reinem Gewissen bekennen, dass mein Streben in Bezug auf die ältere Litteratur Hollands nie mit einer feindseligen Richtung verbunden war gegen ein Volk, durch dessen freundliche Aufnahme ich in Stand gesetzt wurde, meine Kenntniss zu bereichern und die Wissenschaft zu fördern. Die Zeit wird es noch lehren, so Gott will, dass ich nicht allein gelebt habe, Wohlthaten zu empfangen, sondern auch allezeit lebe, für solche Wohlthaten dankbar zu sein,

und diese Dankbarkeit durch persönliche Beziehungen und wissen-
schaftliche Leistungen zu erkennen zu geben.

Was die comburger HS. anbetrifft, so ertheile ich Ihnen
im Vertrauen die Nachricht, dass selbige HS. schon längst an
den Prof. Gräter zu Ulm verliehen ist, welcher sie wol schwerlich
vor seinem seligen Ende abliefern wird. Nachdem meine letzten
Bemühungen fehlgeschlagen sind, diesen Schatz zu heben, weiss
ich nur noch ein Mittel, was aber mit vielen Schwierigkeiten verbunden ist: ich muss selbst nach Stuttgart oder Ulm reisen. Nun,
wir wollen die Zeit abwarten! Kann ich überhaupt die Reise
dahin ausführen, so dürfen Sie gewiss auf eine Abschrift der holl.
Kronijk rechnen. Ich schreibe gern etwas ab, wenn ich weiss,
dass es zum Besten der litt. Welt verwendet wird; aber ich
werde mich nie weder für Geld noch gute Worte dazu verstehen,
Abschriften zu machen, um damit eine Lücke in irgend einer
Handschriftenkammer auszufüllen, denn — lieber Freund, da sind
wir uns selbst am nächsten und haben die erste Verpflichtung,
für unsere Studien die uns anvertrauten Heiligthümer zu verwenden.

Nun habe ich noch zwei Anfragen zu beantworten, 1. über
den poursuivant (Knappen) der Eselsgesellschaft. Diese Gesellschaft gehört zu den vielen Bündnissen des Adels im XIV. und
XV. Jahrh., welche sich meisten Theils nach irgend einem Thiere
benannten. Eine vollständige Geschichte dieser Bündnisse besitzen
wir noch nicht; mancherlei Nachweisungen finden Sie im Vitria-
rius illustratus von Pfeffinger, T. III. 420. Nur zwei Gesellschaften
dieser Art haben ihren Geschichtschreiber gefunden:

Mussinan, Gesch. des Löwler-Bundes. Münch. 1817. 8.

Joh. Voigt, Gesch. der Eidechsen-Gesellschaft. Königsb.
1823. 8.

2. über die Worte des Beatus Rhenanus in Ihrem holl. Ge-
schichtswerke verweise ich Sie auf die Bonner Bruchst. S. VII.
Nr. 3. Rhenanus hatte eine HS. von Otfrid gefunden; weil aber
der Anfang fehlte, so konnte er freilich damals den Namen des
Verfassers nicht wissen. Mehr darüber in meiner Ankündigung
des Otfrid, welche nächstens gedruckt wird.

Herrn Scheltema werde ich den ältern Text des 'Liedes:
Het daghet uit den oosten, abschreiben und übersenden; nur dieser
Tage ist es mir nicht möglich, daran zu gehen. Sie wissen selbst,
wie störend dergleichen Zwischenarbeiten sind, wenn man für
eine grössere Arbeit ganz gesammelt sein muss. Ich bin mit der

Ausarbeitung des Williram unaufhörlich beschäftigt und erst bis
zum Buchstaben S vorgerückt, und das Ganze muss doch zu Ostern
fertig! Entschuldigen Sie mich also bei Herrn Scheltema!

Das berliner Liederbüchlein — hätte ich doch kaum geglaubt,
dass sich jemand um dessen Besitz grämen könnte. Nun, ich
will Ihnen zwei Exemplare schicken, aber nicht mit der Post,
weil unser jetziges Porto unerträglich hoch ist.

Bernstein habe ich seit Monaten nicht gesehen, er kommt
nicht auf die Bibliothek und wer nicht dahin kommt, sieht mich
nicht und ich sehe ihn nicht.

Nun noch Etwas über den Schluss Ihres mir sehr willkommenen
Briefes. Sie wollen kein Mitleiden für Sich und bitten Ihre Zeit
und Freundschaft in Anspruch zu nehmen. Gut! ich thue es,
aber nur unter der Bedingung, dass Sie auf gleiche Weise vorkommenden Falles mit mir verfahren. Da also eine Anfrage!

Wo finden sich Nachrichten über das Leben und die Werke
folgender holl. Musiker? Clemens non Papa, Crecquillon, Consilium
(hiess vielleicht: Raet), Tugndal (vielleicht verdruckt f. Tuyndal)
— alle kommen in musikalischen Sammlungen aus den Jahren
1530—1550 zuerst vor, und manche auch noch in spätern.

Welche Schriften enthalten Nachrichten über das Musikleben
am Burgundischen Hofe seit dem Jahre 1470?

Breslau 20. Jan. 1826.

von Winterfeld,

Ober Landes Gerichts - Rath.

Wollten Sie nun wohl so gefällig sein und diese Anfrage im
Konst- en Letter-Bode bekannt machen? Sie müssten dann aber
auch hinzufügen, dass S i e die Antworten (oder die Redact.) an-
nähmen, und bemerken, dass Herr von Winterfeld eine Geschichte
der Musik schriebe etc.

Die Souter Liedekens sind höchst wichtig für die Entwickelung
des Kirchengesanges aus dem weltlichen Liede. Ich freue mich,
dass H. v. W. aus dieser Quelle, die ich ihm mittheilen konnte,
sehr viel gelernt hat und lehren wird. Sammelt niemand für
ältere Musik? fragen Sie doch ein wenig so mal herum! Der
Catalog der Maatsch. wird also hoffentlich noch dies Jahr erscheinen.
Sie können noch in Reihe und Glied dazu fügen:

Vocabularius rerum (latino - teutonicus, auctore Wenceslao

Brack). 4⁰. In fine: Impressum Argentine Anno dñi.
M.cccc.xci. in die sancte Brigide.   •

ein schönes Exemplar, womit ich der Maatsch. ein Geschenk mache.
Sollte sie Filips von Zesen Beschreibung der Stadt Amsterdam.
Zu Amst. 1664. 4. noch nicht besitzen, so werde ich es meiner
nächsten Sendung ebenfalls beilegen. Es ist ebenfalls ein hübsches
Exemplar, auch die vielen Kupfer sind gut gehalten.

Übrigens ersuche ich Sie, dass Sie mir wo möglich noch vor
Ankunft meiner nächsten beabsichtigten Sendung schreiben —
denn, im Fall Sie darauf warten, so möchte mich Ihr Brief nicht
mehr in Breslau treffen.

Wissen Sie irgendwo in holländischen Bibliotheken Handschriften vom Sachsenspiegel? In Leiden, dächte ich, fände sich
keine, vielleicht im Haag.

Sagen Sie doch Mevr. Salomon, wenn Sie ihr die Beilage
einhändigen, dass mir ihr Brief und Gerhards Brief ausserordentlich
viele Freude gewährt hat. Ich habe allerdings lachen müssen,
aber dies Lachen war so unschuldig und kommt aus so gutem
Herzen, wie bei kleinen Kindern; ich wurde so mit einemmale
in mein leidener Leben eingeführt, dass ich vor Freude ebenso
gut hätte weinen können.

Sobald meine eintönigen Arbeiten fertig sind, werde ich nicht
ermangeln, alle und jeden Brief zu beantworten. Mv. Salomon
meinen herzlichen Neujahrswunsch! Ihrer lieben Frau Gemahlin
bitte ich angelegentlich mich zu empfehlen, so wie allen Freunden
und Bekannten. Nun aber muss ich schliessen, und wenn ich
auch das Wichtigste vergessen habe. Ich muss reisen, und diese
Reise will tüchtige Vorarbeiten und hangt von Vollendung meiner
jetzigen Arbeiten ab.

Vaarwel!

Breslau 29. Jan. 1826.

H. v. F.

4.

Neuwied 21. Mai 1852.

Hochgeehrter Freund!

Ihre neuliche Anfrage durch Johannes Müller hat mich un-
endlich gefreut: ich sehe, dass Sie leben, wohl und munter sind
und meiner noch gedenken.

Zehn Jahre (von 1840 an) habe ich ein sehr bewegtes Leben
geführt. Die Sehnsucht und Hoffnungen des deutschen Volkes
habe auch ich mit zu verwirklichen gestrebt, und dafür viel leiden
und dulden müssen. Aber selbst die jüngsten Ereignisse haben
mich nur betrübt, nicht gebeugt, und ich bin meinem Vaterlande
nie untreu geworden und kann es auch nie werden. Es steht
höher als sein augenblickliches Geschick und ich glaube fest an
seine schönere Zukunft, wie Sie ja aus meinen neulichen „Heimath-
klängen" (Mainz bei Wirth) sehen können.

Meine Errungenschaft vom J. 1848 ist meine Rehabilitation
mit einem mässigen Wartegelde. Seitdem lebe ich verheirathet an
dem schönen Rhein in stiller Zurückgezogenheit den Meinigen und
der Poesie und Wissenschaft: ich singe und dichte, forsche, schreibe
Bücher, spaziere, hacke Holz und pflücke Blumen. Unser Leben
ist sehr sehr einfach und doch ganz nach Wunsch: wir erfreuen
uns einer wunderschönen Gegend und eines angenehmen geselligen
Verkehrs. Neuwied zeichnet sich vor fast allen kleinen Rhein-
städten durch seine Bildung aus. Für meine Studien gewährt es
freilich wenig, ich habe aber Bücher genug und kann von Bonn
und Coblenz Manches bekommen. Zu wissenschaftlichen Werken
fehlt mir freilich Vieles, denn leider war ich gezwungen, meine
bedeutende Bibliothek nach und nach zu verkaufen. Ich kann
jedoch das Beste und Seltenste daraus immer benutzen: ein grosser
Theil ist in die königliche Bibliothek zu Berlin gewandert und
Vieles auch in die Göttinger. Zur Vollendung grösserer wissenschaftlichen Arbeiten muss ich gewöhnlich eine Reise machen und
so war ich denn zum Behufe einer zweiten Ausgabe meiner „Geschichte des deutschen Kirchenliedes" noch neulich (Februar und
März) vier Wochen in Göttingen und vier in Hannover. Die Ausbeute war so lohnend, dass ich den Entschluss fasste, sobald es
meine Familienverhältnisse nur gestatteten, abermals auf vier Wochen

nach Göttingen zu gehen und die wunderbar reiche Bibliothek, die jetzt jedes Jahr bloss fur Bücheranschaffen 8000 Thaler zu verwenden hat, mit Musse zu ·benutzen.

Dass ich der niederländischen Sprache und Litteratur fortwährend meine Aufmerksamkeit zugewendet habe, beweisen die beiden letzten Theile meiner Horae belgicae: die Pars VII. erschien 1845, die Pars VIII. 1852. Ich hätte gerne den seit vielen Jahren vergriffenen e r s t e n Theil neu herausgegeben, dazu wäre aber eine Reise nach Holland und Belgien unerlässlich nothwendig, und d a z u habe ich keine Mittel. Das Reisen in beiden Landen ist z u kostspielig und auf eine so gastliche Aufnahme wie früher darf ich jetzt nicht mehr rechnen, denn die meisten meiner alten lieben Freunde sind wol längst heimgegangen. Ich werde jedoch an meiner Sammlung a l t n i e d e r l ä n d i s c h e r V o l k s l i e d e r ruhig fortarbeiten; sie ist viel reicher und bedeutender als die von Willems und wird a l l e n Freunden des Volksgesangs eine sehr willkommene Gabe sein. An eine Unterstützung von Seiten des Auslandes denke ich nicht. Meine neuesten Erfahrungen haben mich wieder belehrt, dass Deutschland immer noch das Land alles wissenschaftlichen Bücherverlags ist. Während man in Belgien die Pars VIII. nicht einmal u m s o n s t drucken wollte, erhielt ich in Göttingen dafür so viel Honorar, dass ich damit meine ganze bisherige Reise bestreiten konnte.

Den Rest meiner früheren Bibl. habe ich neulich aus Meklenburg nach Hannover kommen lassen, 11 Centner! Ich hätte gern Vieles daraus behalten, theils aber ist der Transport zu kostspielig, theils weiss ich sie nicht unterzubringen. Ich habe mich deshalb entschliessen müssen, sie an den Meistbietenden zu überlassen. Ich sende Ihnen heute zugleich das Verzeichniss u. wünsche, dass die Maatsch. van nederl. letterkunde ihren reichen Schatz daraus noch vervollständigt.

Grüssen Sie alle meine alten Freunde wo sie deren noch finden recht herzlich! und senden Sie mir r e c h t b a l d Ihre verheissenen Mittheilungen. Hoffentlich erfahre ich in diesen nächsten 10 Jahren mehr aus Holland, als dass ich als Mitglied des königl. Instituts zu Amsterdam in Gnaden entlassen bin.

In alter Liebe und Treue

Ihr

H. v. F.

5.

Geehrter Freund!

Der Tod unsers Freundes Johannes Müller hat mich tief ergriffen. Ich hatte gehofft, ihn noch einmal wieder zu sehen —
es hat nicht sein sollen, er ist heimgegangen, ehe meine Hoffnung
erfüllt wurde. Der Kreis derjenigen, die ich liebe und verehre,
wird immer kleiner. Um so mehr drängt es mich dann und wann
zu erfahren, wie es diesen wenigen geht.

Schon lange hatte ich die Absicht, Ihnen zu schreiben. Unter
Reisen, Besuchen und litterarischen Arbeiten ist mir der Sommer
verschwunden. Jetzt bin ich wieder aufs Haus beschränkt, es
kommt die Zeit der winterlichen Ruhe und des einförmigen Lebens. Ich denke oft an Holland, oft an Sie und die schönen Tage
meiner Jugend, wovon wenn auch wenige, doch erinnerungsreiche
Ihrer Heimath gehören.

Den Sommer war ich mit meiner Frau bei unsern Verwandten
in der Nähe von Hannover. Wochenlang benutzte ich meine
Musse zu Ausflügen nach Hannover und litterarischen Arbeiten.
Den ganzen Juli lebte ich dann in Göttingen. Die dortige Uni-
versitäts-Bibliothek gewährte mir so viel Hülfsmittel, dass ich die
ersten §§ der 2. Auflage meiner Geschichte des deutschen Kirchenliedes vollenden konnte. Seitdem bin ich dann hier recht fleissig
gewesen, und so erscheinen denn zu Ostern folgende Bücher
von mir:

Pars IX. der Horae belgicae:
Niederländische Sprichwörter nach der ältesten Sammlung
(XV. Jahrh.)
Gesprächbüchlein, romanisch und flämisch XIV. Jahrh.
Pars X. der Horae belgicae:
Niederländische geistliche Lieder des XV. Jahrhunderts.
Von meiner Geschichte des deutschen Kirchenliedes die
II. Abtheilung (S. 9—13.)
In dulci iubilo, nun singet und seid froh!
(Geschichte der lat.-deutschen Mischpoesie, worin auch das
Niederländische mit berücksichtigt wird)

> Theophilus II. Theil
>> (zwei Fortsetzungen aus einer Stockholmer und Helm-
>> städter Handschrift)

und vielleicht noch:

> Fundgruben III. Theil.
>> (Denkmäler der deutschen Sprache von den ersten Jahrh.
>> bis zum X̌V.)

Pars I. und II. meiner Horae belgicae, welche beide vergriffen sind, will ich gänzlich umarbeiten. Es ist im Interesse der Wissenschaft, in meinem und meines Verlegers, dass das Werk wieder vollständig wird. Künftig Jahr soll es so Gott will flott werden. Ein vollständiges Exemplar ist kaum für Geld zu haben. In der Lachmannschen Versteigerung wurde ein solches mit 26 Thalern bezahlt!

Künftiges Frühjahr will ich nun zu diesem Zwecke eine Reise nach Holland und Belgien unternehmen. Ich hoffe dann, besonders zum I. Theil so viel Neues zu bekommen, dass daraus ein ganz neues Werk werden soll. Es wäre mir darum jedoch sehr lieb, wenn Sie mir den Katalog der nederl. Letterkunde te Leiden recht bald verschaffen wollten. Ich habe ihn in Göttingen kennen gelernt, er war auf meine Veranlassung dort angeschafft worden, und ich war nicht wenig erstaunt über den Reichthum an Werken für das gesammte deutsche Sprachstudium. Ich biete Ihnen dagegen ein seltenes Buch: Historien ofte gheschiedenissen der vromer Martelaren, die om het ghetuyghenisse des Euangelij haer bloet vergoten hebben cet. Tot Dortrecht 1590 4⁰. (748 Seiten u. Vorr. u. Register). Doch wenn das nicht beliebt, so kann ich es auf andere Weise wieder gut machen, ich habe in meiner Bibliothek zu Hannover noch manches Buch, das der Maatsch. willkommen sein wird. Also schicken Sie nur getrost, es soll Ihr Schaden nicht sein.

Im Catalogus van de Biblioth. der Maatsch. 1, 39. wird eine Papier-Hs. des XV. Jahrh., 17 Blätter 4⁰ aufgeführt: Liet van die heilige Drie Coninghen en andere liederen. Ich möchte gern die Hs. benutzen. Auf Verleihen hierher lässt sich wohl die Maatsch. nicht ein, obschon ich Hss. aus viel weiterer Ferne hierher bekam — könnten Sie mir nicht wenigstens zu einer Abschrift verhelfen?

Die Pars IX. widme ich de Vries. Was bedeutet das M. vor seinem Namen?

Grüssen Sie meine Freunde recht herzlich und schreiben Sie mir bald, aber wenn ich bitten darf, mit etwas grösseren Buchstaben — ich bin es nicht recht mehr gewohnt, holländische Autographa zu lesen.

In treuer Liebe und Verehrung

Ihr

H. v. F.

Die beiden beiliegenden Briefe: Herrn Professor de Vries in Groningen und Frau Müller zu Amsterdam bitte ich gütigst zu besorgen.

IV.

Charles François Dominique de Villers an H. W. Tydeman.

I.

Lubeck, le 20 Mars 808.

Monsieur,

Pardonnez si j'interromps pour quelques instans vos utiles occupations, mais j'ai à réclamer de votre obligeance un bon office, qui concerne les sciences en général; et en particulier les *universités* du nouveau royaume de *Westphalie*.

On a quelques craintes fondées, que le gouvernement de ce pays n'ait envie d'y faire des innovations et des *améliorations* (à la française!); et je me suis chargé d'écrire une petite pièce à ce sujet, qui rectifie les idées sur ces respectables instituts et qui puisse détourner d'y faire des changemens nuisibles. —

Je crois avoir entendu dire, que le *Roi de Hollande* n'avait absolument rien innové dans les universités hollandaises, et même les favorisait beaucoup. Il me serait, dans mon plan, d'une très-grande importance d'alléguer ce fait, si je le pouvais avec précision. Voilà donc sur quoi, Monsieur, je ne crains pas d'invoquer votre bonté et de vous demander quelques détails certains —

1) Si les universités hollandaises sont restées dans leur état

ancien, sans nul changement, si leurs *fonds* et *dotations* sont restés intacts, etc. —

2) S'il y a à ce sujet quelque mot, quelque réponse du Roi, que l'on puisse citer — même quelque *décret* ou quelque démarche officielle. —

3) S'il y a quelque pièce imprimée à cet égard, soit de la part du gouvernement, soit de celle des particuliers. —

Enfin je vous prierai de me faire le faveur de m'adresser aussi un *Catalogue* des cours de la présente année de votre uni-versité, s'il y en a de tels imprimés. —

L'impression de la 3ème Edit. de mon *Essai sur l'infl. de la réformation de Luther*, doit être maintenant achevée, ou bien près de l'être, à Paris chez *Treuttel & Wurtz*. Il y a longtems, Monsieur, que j'ai donné l'ordre qu'on vous en envoyât de ma part aussitôt un Exemplaire. Vous le recevrez par Mr. *Brockhaus* d'Amsterdam (Warmoestraat Nr. 2) et y verrez qu'on a rétabli dans la préface la phrase qui concerne mon vénérable ami de *Schloetzer*, et qu'un malentendu avait fait supprimer dans la 2de. Daignez recevoir ce livre, Monsieur, comme un gage de la très-haute estime avec laquelle je suis très-sincèrement

votre très-humble et très-obéissant serviteur

Villers.

Corresp.t de l'institut national de France.

Vous m'obligeriez doublement, si votre réponse tardait le moins qu'il vous sera possible.

—————

2.

Lubeck, 1er mai 8.

Monsieur,

Je vous adresse un peu tard, mais avec un coeur très-recon-naissant mes très-humbles actions de grâces pour les intéressans détails et renseignemens que vous voulez bien me donner sur l'état actuel de vos Universités de Hollande, sur leurs espérances et leurs craintes pour l'avenir. Votre instructive lettre, que j'ai lue et relue (et qui est, ne vous en déplaise écrite en très-bon français) m'a parfaitement instruit d'un objet qui est pour moi et pour tous les amis des lumières d'une telle importance. — Cependant quant à l'ouvrage que je fais sur les *Universités* all^des, je vois que je ferai mieux de passer tout-à-fait celles de Hollande sous silence, puisque (par malheur !) vous ne pouvez me donner des assurances plus satisfaisantes sur les intentions et sur les démarches du Roi. — Je ne me proposais de parler de lui, qu'autant que j'aurais pû le proposer pour modèle à son frère, le Roi de Westphalie. —

Le petit ouvrage en question sera bientôt imprimé, à Cassel ; et je me prépare à envoyer, par le prochain courier les dernières feuilles du manuscrit à l'imprimeur. Vous en recevrez aussitôt un Exemplaire par Mr. *Brockhaus*. Vous en verrez aussi une esquise, je pense, dans le prochain cahier du *Conservateur*. Quant au livre de Paris sur *Luther*, l'impression en est terminée, et l'Exemplaire ne doit pas tarder à vous parvenir. —

Hélas, Monsieur, depuis que j'ai eu l'honneur de vous écrire, c'en est fait de l'illustre académie de Goettingue ! Non seulement on lui a ôté sa *jurisdiction* (ce qui en éloignera tous les étrangers) mais aussi on lui a ôté sa dotation. L'Empereur a donné à des Généraux et officiers les dix *fermes* dont elle retirait ses revenus, et son pain quotidien. C'est le coup de la mort — *Fuit Georgia Augusta!* — Et ce que j'écris en cet instant, n'arrivera plus que pour lui tenir lieu d'oraison funèbre. —

La lettre que vous m'avez fait l'honneur de me confier, a été aussitôt expédiée à Rostock. — Permettez-moi, Monsieur, de vous réitérer tous mes remercimens, et pour vos bontés et pour la trop grande indulgence qui vous a dicté à mon égard des expressions si flatteuses, et que je voudrai pouvoir mériter ! —

Je suis avec un dévouement entier, sincère reconnaissance, et très-haute considération,

Monsieur,

Votre très-humble et obéissant serviteur

Villers.

3.

Oui, Monsieur, j'avais été longtems sans recevoir de vos intéressantes nouvelles; mais j'étais loin de m'en formaliser, ni de vous regarder comme mon débiteur, étant moi-même le plus négligent des correspondans, et ayant des torts très-réels envers beaucoup de personnes estimables qui m'ont honoré de leurs lettres, et auxquelles je n'ai pas encore répondu. Je vous ai même, au contraire, beaucoup d'obligation pour toutes les relations obligeants et flatteuses que vous avez bien voulu faire de mes faibles ouvrages dans les journaux d'une nation à laquelle vous avez le bonheur d'appartenir, et pour laquelle je professe une haute vénération. Moi-même, n'ai-je pas commis la faute de laisser jusqu'aujourd'hui sans réponse (à 3 mois de date de la réception) votre dernière et amicale lettre? Mais vous me le pardonneriez facilement, si vous saviez que pendant ces trois mois, j'ai éprouvé une foule de malheurs singuliers et de contradictions de la destinée, parmi lesquels une longue et douleureuse maladie a été le moindre accident. Sans entrer dans le détail des autres, je vous dirai seulement, parce que ce point vous intéressera davantage, que la respectable et illustre fille ainée de *Schlözer* avait épousé à Lubeck, il y a environ 18 ans, un négociant, Mr. le Bourguemaître *Rodde*, dont elle eu trois enfans. Le père, avant de mourir, m'avait confié une sorte de tutelle paternelle sur sa fille et ses 3 petits-enfans, et recommandé de veiller à leur intérête. A peine l'avions-nous perdu depuis un an, que je vis s'ouvrir sous les pas de ces quatre chères créatures, un gouffre qui ménaçait de les engloutir. Mr. *Rodde* que tout le monde (excepté sa clairvoyante épouse) croyait être puissamment riche, fit soudainement une banqueroute de plusieurs millions, fruit, non des malheurs du tems présent, mais de 30 années de négligence, d'incapacité, de fantaisies ruineuses, de mauvaises dispositions, le tout recouvert d'un mystère qu'il savait rendre impénétrable à tous les yeux. Pour comble de malheur, on prétend arracher à la fille de notre défunt ami, le peu qu'elle possède personellement! sous le prétexte d'une loi du Code de Lubeck, très-faussament interprétée, comme je l'ai heureusement découvert. J'espère en la justice du ciel et des hommes que la vérité prévaudra sur l'erreur en cette occasion. Cette

justice est due aux mânes de Schlözer! — Comme je trouve une
occasion favorable pour votre pays j'ai l'honneur de vous envoyer
avec cette lettre 3 des écrits qui ont déjà paru sur cette matière,
et qui l'éclaircissent en entier. Si, comme jurisconsulte, il vous
vient quelqu'idée heureuse à ce sujet, je vous prie de me la communiquer; et de mon côté, je m'engage à vous apprendre l'événe-
ment, quand il y aura quelque chose de décidé. Je joins à cet envoi le catalogue, qui vient d'être imprimé, de la Bibliothèque de
feu Schlözer, que j'e nai pas même le tems de faire brocher. Si
vous aurez à ce sujet quelque commission, je vous prie de m'en
envoyer la note que je remettrai avec mes propres commissions à
celui qui fait la vente, et qui est un homme sûr. La Bibliothèque
et les papiers du Défunt ont été abandonnés par la famille au fils
ainé, Chrét. de Schl., professeur à l'univ. de Moscou, qui est venu
en prendre possession; il a acheminé desuite les papiers et une
partie choisie de la Bibliothèque (car ce n'est que le reste qui
parait ici) sur Moscou, où il se propose de trier et de choisir à
loisir dans les papiers du Défunt; pour donner l'elixir et le choix
de sa correspondance, précédé d'une *Biographie* complette. —
Comme il a d'autres affaires, et qu'il est un peu lent, j'ai peur
que cela ne retarde beaucoup. Si votre honorée lettre m'était
parvenue plutôt, j'aurais eu sans doute la consolation de vous renvoyer les vôtres à feu Schl. — mais quand je la reçus, tous les
papiers étaient déjà expédiés. Mr. Chr. de Schl. m'a promis, dès
qu'il retrouverait vos lettres, ou de me les renvoyer, ou de les
brûler, suivant votre desir. Je lui en renouvellerai encore le souvenir à chaque occasion qui se présentera. — On n'a pas autant
trouvé de choses intéressantes dans les papiers de Schl. que vous
semblez le penser, et que nous l'espérions tous. Il a joui de tout
de son vivant, et n'a presque rien laissé sans en faire usage. Mais
est-ce que sa mort nous enlève, Monsieur, l'espérance de vous
voir un jour dans notre Goettingue? Je serais très-empressé à vous
en faire de mon mieux les honneurs; et je vous demande instam-
ment aussi de mon côté, que la perte de notre illustre ami ne
change rien aux relations que, par lui, j'ai eu l'honneur de lier
avec vous.

Tout ce que vous daignez me dire touchant ma faible esquisse de l'activité littéraire et scientifique de l'Allemagne est beaucoup trop obligeant. Si vous en aviez voulu sérieusement faire
une traduction, j'aurais pris la liberté de vous envoyer des supplé-

mens et corrections. Mais je ne puis assez vous engager, Monsieur, à accomplir le beau et utile projet de nous donner, non par une esquisse aussi imparfaite que la mienne, mais un tableau complet de la *Littérature ancienne et de l'histoire* en Hollande depuis quelques années. Les matériaux ne peuvent vous manquer, et encore moins l'habilité à les employer. Si j'avais eu le bonheur de faire mon esquisse ici, où je suis maintenant fixé, elle serait bien plus dépourvue de fautes : mais les secours littéraires me manquaient absolument à Lubeck, cette Abdère de l'Allemagne septentrionale. Je souhaite que vos fonctions, si importantes et si multipliées vous permettent de vous livrer à ce travail, qui intéresserait singulièrement toute l'Europe savante.

Vous savez que le journal de Perthes a fini ? —

J'ai appris avec une très-grand plaisir en arrivant ici, Monsieur, que notre société royale, dont j'ai maintenant l'honneur d'être co-Sécrétaire, se dispose à vous envoyer un diplôme d'associé. Je me réjouis sincèrement de ce nouveau lien avec vous, et vous supplie d'agréer à ce sujet mon compliment, ainsi que l'expression du dévouement et du respect, avec lesquels je suis et serai toujours,

Monsieur,

Votre très-humble et très-
obéissant serviteur,

Ch. de Villers.

P. S. S'il est encore tems, je veux joindre cet Exemplaire de la traduction all^de de mon *Mémoire* juridique au petit paquet d'hier, regrettant de n'avoir plus d'Exempl. de l'original Fr. — Je serai bien curieux de savoir un jour votre avis sur cette matière. Mad^e Rodde a gagné son procès, non *in pleno*, mais dans la partie la plus importante. — Le paquet que je vous avais destiné en 1811 avait été remis par mon respectable ami, M. *Eichorn*, à un jeune Hollandais, dont vous verrez le nom écrit par lui-même sur le petit papier ci-joint. — J'ai été obligé d'abandonner, au moins pour un tems, le projet des *Lettres* sur les deux ou trois princip. confessions chrét. et leur réunion. Les tems conviennent peu à ces sortes de considération. J'ai beaucoup de matériaux rassemblés pour mon hist. de *Luther*, mais la rédaction j'en trouve aussi différée par les occupations de mon nouvel état. — J'attens toujours

avec bien de l'intérêt les *notes* que vous m'avez promis de me
communiquer sur mon ouvrage concernant l'influence de la Réformation. — Vale, vir optime et fave

Tuo

V.

4.

Goettingue. 28. Sept. 11.

Monsieur,

Assurément quelque plaisir que me fassent vos nouvelles
quand vous voulez bien m'en honorer, je ne me croyais nullement
en droit de demander de vous une lettre, pour un simple souvenir
imprimé dont je vous avais fait faire de ma part l'hommage; et
j'étais bien loin de me tenir offensé en aucune manière de votre
silence. — C'est vous, Monsieur, qui auriez eu vraiment sujet de
vous plaindre, si j'avais en effet laissé sans réponse votre lettre du
29 Décembre 1810. — J'en fis une (autant qu'il m'en souvient dans
les prem. j. de février suivant) et je vois qu'il lui est arrivé, ce
qui est arrivé à toutes les lettres que j'ai écrites vers cette époque,
c'est-à-dire qu'elle a été interceptée et dévorée en chemin par la
Ste Hermandad qui vint s'établir vers ce tems dans les lieux que
j'habitais encore. Je vous dirai ici donc derechef, quant à votre
desir touchant votre correspondance avec feu M. de Schloetzer,
que son fils ainé, le Professeur de Moscou, étant arrivé de Goettingue à Lubeck vers ce tems, je lui fis part de votre juste demande — (car c'est à lui que les autres frères et soeurs ont cédé
tous les papiers et lettres du Défunt). Il me montra sur le champ
la plus grande bonne-volonté de vous obéir — mais comme
il avait envoyé de Goettingue à Moscou toute la pacotille de papiers de son père, afin de les mettre en ordre, et de les travailler
là-bas, il ne lui était plus possible de me remettre votre correspondance, afin que je vous la fisse tenir. Il me promit donc solen-
nellement, qu'aussitôt que vos lettres lui tomberaient sous la main,
ou qu'il me les renverrait pour vous, s'il en trouvait une occasion
favorable, ou qu'il les brûlerait, puisque vous aviez déclaré que
vous seriez même satisfait de leur anéantissement. La première
fois qu'on lui écrira d'ici, je ne manquerai pas de lui faire rappeler
formellement cette promesse.

8*

Vous avez du aussi recevoir, Monsieur, par un jeune Hollandais, qui retourna dans son pays au printems dernier (c. à d. à pâques) un paquet de moi renfermant un Exemplaire du catalogue des livres de feu Mr de Schlözer; et, ne prévoyant pas dans ce tems, le coup de foudre qui allait me frapper, ni la nécessité de m'absenter pour un voyage de Paris, je vous priais de m'adresser vos commissions, au cas que vous en ayez quelques-unes à donner pour cette vente, qui est terminée depuis longtems.*)

M^r· Cuvier, que j'ai vu à peine ici (car j'y suis revenu précisément quelques heures avant son départ) a eu raison de vous dire, que je n'avais pas été arrêté, comme les journaux l'avaient faussement avancé; mais j'ai été persécuté d'une manière atroce par un homme très-puissant qui avait juré ma perte.

La justice de ma cause, la magnanimité de l'Empereur qui est bien audessus de quelques accusations mensongères, et le secours d'amis puissans, m'ont sauvé de ses griffes. Quant à M^r· *Zimmermann* de Brunswyck, il est certain qu'il a été arrété quelque tems, et ensuite remis en liberté. —

Oui, Monsieur, le *Hannövrisches Magazin*, dont vous vous informez, existe encore — sed quantum mutatus ab illo! — Quand tous ceux que vous nommez y travaillaient, c'était une feuille très - brillante. Elle est maintenant passablement obscure. Nos *Gött. gelehrte Anzeigen*, au contraire, sous la direction de l'illustre *Heyne*, deviennent meilleures de jour en jour.

Conservez-moi, je vous supplie, Monsieur, votre précieuse bienveillance, en échange du parfait et respectueux dévouement avec lequel je suis,

Monsieur,

Votre très-humble et très-obéissant serviteur,

Villers.

---

*) Nb. Si je ne me trompe, j'y avais joint aussi un Exemplaire d'un *Mémoire* juridique, que j'avais fait pour la fille et les petits-enfans de l'illustre Défunt, dans une affaire où tout leur bien est compromis.

5.

Goettingue 24 Mars 1813.

Monsieur,

Une occasion imprévue qui s'offre à moi tout-à-coup, me procure la satisfaction de pouvoir me rappeler à votre souvenir et de vous faire parvenir ce catalogue, que vous m'avez paru desirer dans le tems, de la bibliothèque de feu Schlözer. — Vous verrez que le hasard avait présidé à sa composition, et qu'elle était en somme peu considérable. Les professeurs à cette université en ont une si belle et si immense à leur disposition, qu'ils sentent peu le besoin d'en avoir une particulière. — Quant à la *biographie* de cet homme célèbre et au recueil de ses *lettres*, j'ai bien peur, que nous ne soyons fort en retard, et n'ayons à déplorer beaucoup de pertes, son fils ainé, professeur à Moscou, y ayant emporté, il y a deux ans, tous les matériaux et manuscrits de son père!!! —

J'ai appris avec bien de la joie qu'on avait rendu à vos lumières et à vos talens la justice qu'on leur devait, en vous transportant à la célèbre université de Leyde. J'espère que vous y jouissez de l'aisance et du bonheur que vous méritez; et qui n'egalera cependant jamais les souhaits sincères que je forme pour vous.

C'est moi, en effet, qui dans ma première jeunesse ai écrit le petit ouvrage intitulé: *De la liberté*. Si j'avais à le refaire actuellement, en conservant le fond de la chose, je l'écrirais encore un peu différemment. Je n'ai pu depuis écrire le traité projeté sur le *Droit et le pouvoir* — ni sur nature et société, sujet que je voulais aussi traiter. Le premier écrit m'ayant attiré une persécution, qui a été la cause de ma sortie de France. —

Je vous demande mille pardons de la hâte avec laquelle sont écrites ces lignes. Mais je n'ai qu'un instant. Je me reserve une autre fois l'avantage de causer plus longtems avec vous, et de vous mieux dire avec quel respectueux attachement et dévouement j'ai l'honneur d'être,

Monsieur,

Votre très-humble et très-obéiseant serviteur,

Villers.

C'est M. Boelken, jeune Dr. en Médecine, qui veut bien se charger de ce paquet. —

6.

Goettingue, 18. Sept. 1814.

Monsieur et très-honoré ami,

Très-faible, et sortant à peine d'une maladie mortelle, je ne puis cependant laisser échapper l'occasion favorable que m'offre le départ pour Leyde d'un de nos jeunes savans les plus distingués, M^r le Dr *Bunsen*, pour me rappeler à votre souvenir, et vous accuser la réception de votre aimable dernière. Il faut que je vous remarque néanmoins que de tout ce qui y était annoncé en n°s 1 jusqu'à 6, seulement le n° 1 c. à d., le paquet des livres de Mr. *Lepileur* m'est parvenu avec elle. Je lui adresse aussi ma réponse par M. *Bunsen*. Le même pourra vous instruire au long de ma singulière destinée à la révolution de ce pays, des désagremens inattendus que j'ai éprouvés, et de la réparation qui les a suivis. M. *Bunsen* mérite comme savant toutes vos bontés, et je vous prie très-instamment de vouloir bien les lui accorder pendant son séjour en votre docte cité. J'aurai bientôt l'avantage de vous écrire plus longuement par la poste. Je me contenterai pour aujourd'hui d'ajouter encore les compliments de l'excellent Mr. *Eichhorn*; mais surtout les voeux sincères que je ne cesse de faire pour votre bonheur et l'avantage de votre position. Recevez l'expression de ces voeux amicaux avec votre bonté ordinaire, et conservez votre précieuse bienveillance à celui qui ne cessera jamais d'être,

Votre plus dévoué ami et serviteur

Villers.

Qu'est devenu *l'Institut royal de Hollande*, dont j'ai l'honneur d'être correspondant?

ANMERKUNGEN.

I.

I. 1. Bei meiner vorgestrigen Rückkunft aus Dresden, wohin ich eine literar. Reise gemacht. Am 12. Juni 1811 schrieb Wilhelm an Görres, Freundesbr. I, 217: 'Mein Bruder ist auf einer kleinen Reise nach Dresden, die dortigen Mss. einmal genauer zu untersuchen; vor dem andern Monat wird er nicht zurückkommen.'

1. Den ich seither blos aus schätzbaren Arbeiten ganz anderer Art kannte. Hendrik Willem Tydeman, geb. am 25. Aug. 1778 zu Utrecht als Sohn 2. Ehe des Professors der Jurisprudenz Meinard T., promovierte am 23. Okt. 1799 mit einer Dissertation 'de rebus judicatis non rescindendis', trat am 3. Juni 1802 die Professur für röm. Recht in Deventer an mit der Rede 'de eo quod nimium est in studio juris Romani', am 13. Juni 1803 dieselbe Professur in Franeker mit der Rede 'de jure Romano Justinianeo per benignam dei providentiam ad salutem generis humani opportune instaurato', schrieb 1807 'over de Hoeksche en Kabeljaauwsche twisten', 1808 mit dem Professor der Theologie J. A. Lotze eine Abhandlung 'over Apollonius van Tyana', gab in demselben Jahre unter dem Namen Eusebius Belga 'Proeve over het tegenwoordig verval en mogelijk herstel der godsdienstigheid, ook met opzigt tot de wettige en gewenschte staatszorg vor de godsdienstigheid', übersetzte 1807 das Werk A. L. von Schlözers 'Einleitung in die Theorie der Statistik' u. a., gab 1810 eine Untersuchung: 'De remediis civitatis agricolae bello afflictae. Disquisitio ad regiam doctrinarum Societatem Goettingensem' und 1811 'Regtsgeleerd Mengelwerk, met bijzonder opzigt op de nieuwste wetgeving en Regtsgeleerdheid verzameld' heraus. Vgl. Levensberigt van H. W. Tydeman door J. W. Tydeman in den Levensberigten der afgestorven medeleden der Maatschappij der Nederlandsche Letterkunde, 1863, 403 fgg.

2. van Wijns Avondstonden. Der vollständige Titel ist: 'Historische en letterkundige Avondstonden ter opheldering van eenige zeden der Nederlanderen; bijzonderlijk in derzelver daaglijksch en huislijk leven; en van den stand der Nederduitsche dichtkunde, sedert de vroegste tijden, tot aan het begin der zestiende eeuwe. Doormengd met eene opgaave van, hier te Lande gevondene, maar nog niet beschreevene, Romeinsche overblijfzelen: enz, uit oorspronglijke stukken en de beste schrijvers, met bijgevoegde afbeeldingen, te saamengesteld door Henrik van Wijn. Amsterdam 1800.

2. Sein huiszittend Leven, genauer: 'Huiszittend leven bevatt. eenige mengelstoffen over afzonderlijke en voorheen weinig of niet bewerkte onderwerpen betrekk. tot de letter-, historie- en oudheidkunde van Nederland. I. II. Amst. 1807.'

8. Nachrichten von dem Unglücksfall, der vor einigen Monaten den guten Villers betroffen hat. Über Charles François Dominique de Villers vgl. Isler, Briefe aus dem Nachlasse von Ch. de Villers IX fgg. de Villers hatte durch seine deutschfreundlichen Schriften über die Hansestädte zur Zeit der franz. Okkupation den Zorn des Marschall Davoust, des Gouverneurs des neuen Departements, erregt, der de V. den Aufenthalt in den von ihm besetzten Gebieten verbot. Weder in Göttingen noch selbst in Kassel am Hofe des Königs von West-falen war de V. vor dem Marschall sicher. Er ging deshalb auf den Rat eines Freundes nach Paris, wo es ihm gelang durch Fürsprache seines Jugendfreundes, des Ministers Montalivet, den Verfolgungen ein Ziel zu setzen. Vgl. übrigens den Brief de Villers an H. W. Tydeman 116 und den Brief von Görres an Jakob vom 6. Juni 1811, Freundesbr. I, 209 fg.

II. 4. Görres wird bald das altdeutsche Gedicht drucken lassen. Schon am 2. Juli 1810 schrieb Görres an Jakob, Freundesbr. I, 106: 'Die Heimonskinder ein ganz vortreffliches Gedicht von 15,000 Versen wird wahrschein-lich Perthes übernehmen.' Vgl. a. a. O. I, 121, 137, 283, 325, 333, 346, 509.

5. Eine alte Recension der Geschichte der Amundasyne in einer isländischen Sage. In der Magussaga, von der die Brüder eine Copie hatten, vgl. Wilhelm an Görres vom 17. Mai 1811, Freundesbr. I, 207; sie sollte in der Sammlung altnordischer Sagen erscheinen, welche die Brüder am 11. Febr. 1811 ankündigten, vgl. Wilh. Grimms Kl. Schr. I. 494. Über die Sage selbst vgl. Suchier, die Quellen der Magussaga, Germ. XX, 276 fg., 284 fg.

5. Margareta v. L. Über den 'Roman van Heinrik en Margriete van Limborch', gedichtet in den Jahren 1280—1318 von Heinrich van Aken, heraus-gegeben von Ph. v. d. Bergh, Leiden 1846—47, vgl. Mone, Übers. der niederl. Volksliteratur, 86 fg., wo auch die im Volksbuche vorkommenden Lieder einem Rederijker beigelegt werden, und W. J. A. Jonckbloets Geschichte der niederl. Literatur, übers. von W. Berg I, 280 fgg. Eine schlechte halb niederdeutsche, halb hochdeutsche Übersetzung des niederl. Gedichtes von Johann von Soest steht in der Heidelberg. Hs. 87 vom J. 1480.

5. Eine Anzeige des einen der 3 Stücke. 'Teweschen Hochtiet Dat ys ardige vief Vptöge, darin der enfolligen Bueren wunnerlüke un selsene Ree tho sehn, kortwylich tho lesen, lustig tho hören un leffluken tho ageeren.'

6. Herr Köne. Der Verleger holländischer Volksbücher in Amsterdam.

7. van Wijns Vorhaben den Ferguut und Esopet, nebst an-dern poetischen Denkm. des 14. u. 15. Jh. zu ediren. v. Wijn sagte a. a. O.: 'ik verlange den Ferguut en Esopêt met andere Proeven van Dichtkunde der vertiende en vijftiende eeuwe, 't zij afzonderlijk, 't zij nevens eenige Historische Analecta van ons Land, in kort uit te geeven; waar toe zij bij mij afgeschreeven liggen.' Vgl. Anm. zu II, 9. van Wijn wollte noch manches herausgeben, aber trotzdem, dass er noch bis 1832 lebte, blieb es beim blossen Wollen. Als ihn 1821 Hoffmann von Fallersleben besuchte und in seiner Bibliothek herumstöbernd äusserte, dieses und jenes sei einer Besprechung oder neuen Herausgabe wert, so unterliess der alte Herr nicht, jedesmal zu bemerken: 'Daar over zal ik ook noch eene verhandeling schrijven.' Vgl. Hoffmann v. F., Mein Leben, I, 271.

7. Die literarischen Beziehungen, welche ich neulich im 2. Band des altd. Museum nachgewiesen. Abgedr. in den Kl. Schr. VI. 34—40.

8. Wie hat schon im J. 1795 unser Joh. Müller den Werth solcher Fabeln anerkannt und zu deren Aufspürung öffentlich ermuntert. In der allgemeinen Literaturzeitung bei Besprechung der Fabulae ab Illyricis adagiis desumptae des Abbaten Ferrich.

8. Mögen Sie Ihren Namen und Ihre Adreße, allenfalls nebst noch einer in Amsterdam hinzusetzen. Dem entsprechend heisst es Letterbode 1811, 330: 'Tot meerder gemak kunnen de bijdragen of berigten voor den Heer Grimm ook geaddresseerd worden aan de Heeren Mr. Th. van Swinderen, Schoolopziener enz. te Groningen, Mr. H. W. Tydeman, Prof. Jur. te Franeker, en W. Brave, Boekhandelaar op den Nieuwendijk te Amsterdam'. Letterbode 1812, 39 erklärte H. W. Tydeman, dass auch sein Vater in Leiden gerne solche Mitteilungen weiterbeförderen würde.

8. Das allerbeste wäre freilich, wenn sich eine Gesellschaft holl. Gelehrten vereinigte. Tydeman hielt diesen Gedanken für leicht ausführbar, vgl. Letterbode 1812, 39, wo er diese Worte Jakob Grimms in folgender Übersetzung anführte: 'Van eene kleine Maatschappij van Geleerden, door wier vereenigde poging, eene inteekening in Duitschland en Holland geöpend, en deze door een toereikend aantal van beminnaars der Vaderlandsche Letterkunde ondersteund werd, om de oude overgeblevene, niet of gebrekkig uitgegevene Gedenkstukken van Taal- en Dicht- en Geschiedkunde, 't zij dan in blooten tekst, als bouwstof ter verdere oefening, 't zij (liever) met beknopte oordeelkundige inleiding of verklaaring van woorden en zaken, te kunnen in 't licht geven, en ze dus voor den geheelen ondergang te bewaren, en tevens, dat nut de doen hebben, dat ze eerst kunnen, wanneer ze algemeen bekend en toegankelijk zijn.'

9. Wapen Martijn end verkeerde Martijn, welche auch v. Wijn (Avondst. I. 297) zu ediren versprach. A. a. O. heisst es: 'De Wapen- Martijn is, reeds in het jaar 1496, te Antwerpen, bij Henrik den Lettersnider, gedrukt. Doch, daar die druk zo zeldzaam is geworden als het Ms. van Le Long, dat op de Boekerij der Leidsche Hooge-School berust en nog eeenige andere Gedichten van Maerland bevat, die, door mij, zijn afgeschreeven, ben ik wel eens bedagt geweest, om de voornaamste stukken van dezen onzen Nederlandschen Ennius, met korte verklaaringen in 't licht te geeven, zo ik wiste, dat het mijner Natie niet onaangenaam zou zijn.' Über die Ausgaben Maerlantscher Gedichte vgl. Martin in W. J. A. Jonckbloets Gesch. der niederl. Literatur, übers. v. W. Berg, II, 670 fg.

10. Mit solchem Luxus werden schwerlich unsere Nibelungen jemals erscheinen. Eine Prachtausgabe der Nibelungen erschien bekanntlich 1840: 'Zwanzig alte Lieder von den Nibelungen her. v. K. Lachmann. Zur vierhundertjährigen Jubelfeier der Erfindung der Buchdruckerkunst.'

10. v. d. Hagen hat voriges Jahr eine recht gute und fleissige zu Berlin ausgehen lassen. Über H. v. d. Hagen und seine Ausgg. des Nibelungenliedes vgl. meine Biographie v. d. Hagens in der allgemeinen deutschen Biogr. X, 332 fgg.

10. Ich habe schon vor einigen Jahren eine Recension derselben in den Heidelberger Jahrbüchern geliefert. Jahrg. 1809, II. 148 fgg., 210 fgg, 249 fgg. abgedr. Kl. Schr. IV, 22 fgg.

10. Die historische Critik des altdeutschen Nationalcyclus. Diesen ganzen Absatz ins Holländische übersetzt teilte Tydemann im Letterbode

1811, 329, als Anmerkung zum folgenden Inserat mit, und zwar zu den Textworten 'den Inhalt des Lieds der Nibelungen.'

11. Herausgabe eines der wichtigsten u. herrlichsten Werke, des 2. noch gänzl. unedirten Theiles der Sämund. Edda. Vgl. in dieser Sammlung 25, 39, 91 fg., in den Freundesbriefen an Görres I, 205, 231 fg., 266 fg., 272, 310, 313, in den Jugendbr. 322 fg., 331 fg., 334, 354 fg., 452 u. ö. Am 5. Dec. 1811 schrieb Wilhelm näheres über das Unternehmen an Görres, a. a. O. 267: 'Wir gedenken drei Bände zu liefern, in dem ersten den Text mit einer ganz getreuen Übersetzung, als dem besten Mittel zum Verständniss des Originals, sodann mit einer Paraphrase, als Mittheilung für jeden den die Poesie erfreut, endlich soll ein isländisches Glossar dazu gegeben werden. Der 2. Band enthält alle Quellen der alten Sage, eine Übersetzung also der Wolsunga Saga u. s. w. Der 3. den eigentlichen Commentar, darin Abhandlungen über die Geschichte der Sage in der Poesie, über ihr Verhältniss zur Geschichte und zur Mythe, eine eigene Betrachtung über das Religiöse, wo sich am besten vom Zusammenhang mit dem Orient wird reden lassen, endlich über die Bedeutung des Ganzen als Schluss.' Die Ankündigung des Werkes ist wieder abgedruckt in Wilh. Grimms Kl. Schr. II, 495. vgl. 495 fgg. I. 216 fgg. Es erschien blos ein Band ohne Glossar und Commentar 1815, Berlin in der Realschulbuchhandlung.

11. Ohne Anstand stelle ich diese altnordische Poesie weit über Ossian, .. den ich in der neuen .. etwas geradbrechten Version Ahlwardts gar nicht so verschieden von der Macphersonschen Umarbeitung erkennen kann. Ebenso urteilt Wilhelm in einem Briefe an Görres vom 5. Dec. 1811, Freundesbr. I, 267 fg.: 'Ich habe eben den Ossian nach der neuen Übersetzung durchgelesen, ich muss doch die Edda viel höher setzen, die Dichtung ist leiblicher und gewaltiger darin, es ist eine unzweifelhafte Übereinstimmung zwischen beiden, wie zwischen zwei Brüdern, die sich nicht gleichen, und deren Ähnlichkeit und Verwandtschaft man dennoch ganz klar in Augenblicken fühlt, wo die Sonne gerade einen Strahl darauf wirft. Weil der Ossian so spät aufgefasst worden, ist die Geschichte fast in ihm untergegangen, er streift nur daran, um sogleich sich wieder zu jener Betrachtung der einzelnen Momente zu wenden; hier ist er aber auch so gross, tief und erhaben, dass ihm nicht leicht jemand widerstreben kann, eben wie in seinen Gleichnissen, wo er bald den Vergleichungspunkt vergisst und alle Geheimnisse des innigsten Zusammenlebens mit der Natur ausspricht. Die Fabel aber hat in der Edda noch alle Gewalt, obgleich im einzelnen sie darüber hinwegschreitet in göttlicher Bewegung nur nach der Sonne schauend. — Übrigens ist es zu beklagen, dass der Ossian in die schlechten Hände des Ahlwardt gerathen; sein unschickliches Betragen gegen Macpherson, das Sie ihm schon mit Recht verwiesen, hat er nicht nur bis zur Schlechtigkeit fortgeführt, es ist wirklich kaum der Rede, geschweige des Geschreis werth, was er zugesetzt hat, ausserdem ist die Übersetzung so steifbeinig und unlebendig, dass sie jedem reinen Sinn ganz unerträglich sein muss.' Über Ahlwardts Übers. vgl. noch Jak. Grimms Kl. Schr. VI, 71 fgg.

11. Meine Ausgabe der altspanischen Romanzen. Am 17. Mai 1811 schrieb Jakob schon an Görres, Freundesbriefe I, 205: 'Ausserdem soll eine Sammlung altspanischer Romanzen, meistens aus dem Kreise Karls des Grossen erscheinen, wo sich ein Verleger findet; des Drucks sind sie höchst würdig.' Erst 1815 konnte die Silva de romances viejos erscheinen. Vgl. über dieselbe in dieser

Sammlung 28, 39, 51, in den Freundesbr. an Görres I, 311, 375, in den Jugendbr.
312, 366, 401 fg., 425, 435.

13. Durch seinen warmen und wirksamen Eifer für Schlözers
Tochter. Vgl. den Brief von Ch. de Villers an Tydeman 112 fg.

14. Unmassgebliches Inserat in den Letterbode. Vollständig abgedruckt in holländischer Übersetzung im 'algemeene Konst- en Letter-bode voor
het jaar 1811,' 327—330, unter der Überschrift: 'Aan Kenners en Liefhebbers der
oude nederlandsche Letterkunde en Dichtkunst.'

17. Das Lied: de grieksche Jaager. Vgl. Jakob in den Altdeutschen
Wäldern I, (1813) 161—164: 'de jager uit Grieken.'

18. Ein Exemplar des Leidenschen Studentenlebens Jakob
sammelte damals eifrig alle Schriften über Studentenwesen; weder diese Sammlungen noch die über Volkslieder und Volksbücher hat er selbst später verwerthet.
Vgl. seinen Brief vom 12. Febr. 1820 an Hoffmann v. F., Germ. XI, 379: 'Die
verlangte Nachricht von holländ. Liedern lege ich Ihnen zu ganz beliebigem Ge-
brauche bei. Auch was Ihnen aus meiner Samml. der Volksbücher ansteht, fordern
Sie, denn ich selbst werde sie schwerlich ordentlich benutzen, wie ich mir wol
früher einmal dachte. Auch über das Studentenwesen sende ich Ihnen einige vor
Jahren gesammelte Blätter und Auszüge; es zog mich an von der ungelehrten Seite
auszugehen, weil kein Leben hineinkommen würde, wollte man z. B. mit Meiners
Gesch. der Universitäten u. ähnlichen Büchern den Anfang machen.'

III. 19. Seitdem habe ich wichtige Nachrichten für die altholländ. Literatur erhalten. Dieser Brief ist von hier bis S. 20 zu den Worten
'Jetzt ist es auch wegtransportirt' ins Holländische übersetzt durch H. W. Tydeman
unter dem Datum des 21. Decemb. 1811 im Letterbode, 1812, 34—40 mitgeteilt
mit verschiedenen Bemerkungen und der folgenden Einleitung: 'Aan de Redactie
van den Algemeenen Konst- en Letterbode. Mijne Heeren! Met genoegen zag ik
in Ul. No. 47 van den 22sten November l. l. opgenomen het aanzoek van den
Heer Grimm, Bibliothecarius van Z. M. den Koning van Westphalen, te Cassel,
aan de Kenners en Beminnaars onzer oude Taal- en Dichtkunde. Ik durf mij
vleijen dat de bijlage tot zijne gedane openingen, welke ik thans ga mededeelen,
voor Ul. en allen, die in de gemelde vakken, en in het algemeen in al, wat het
land onzer geboorte en onzer voorvaderen aangaat, belang stellen, aangenaam en
belangrijk zijn zal: en haast mij dus uit een bijzonderen brief van den Hr. Grimm,
pas bij mij ontvangen, het volgende hier intelasschen. Na eene vrage, nopens het
plaatsen en aanvankelijk gevolg van zijn verzoek, schrijft hij (uit het hoogd. ver-
taald) aldus.' Am Schluss heisst es dann noch: 'Ik durf de hoop voeden, dat de
opwekking en het anzoek van den Duitschen Geleerden Grimm an onze Vaderlandsche Letterminnaars, in Ul. No. 47 geplaatst, niet onverschillig aangezien
of smadelijk ter zijde gesteld zal worden, maar die gunstige gulle deelneming
vinden, die het verdient, en misschien wel onder ons zelven eene nieuwe belang-
stelling in een nieuw leven van dezen tak van Letterkunde opwekken.'

19. Zu Comburg in Schwaben hat man einen 346 starken Pergamentcodex entdeckt, der lauter niederländische Gedichte enthält. Vgl. über diese Hs., welche nach der Aufhebung des Ritterstiftes Comburg
in die Kgl. Bibliothek nach Stuttgart gebracht wurde, 'Denkmäler altniederländischer
Sprache und Litteratur her. v. E. Kausler' I, XXX fgg. Kausler hat in 2 Bänden,

Tübingen 1840 und 1844, den Inhalt der Comburger Hs. mit Ausnahme des Bruchstücks von Reinaert de Vos, des S. Brandaen u. a. zum Abdruck gebracht.

20. Gräter, der den Fund gethan, hat auch die Herausgabe
übernommen. — Er hat mir sehr unbefriedigend darüber geschrieben. Gräter hat sich in dieser und in der Eddaangelegenheit den Brüdern Grimm
gegenüber in sehr zweifelhaftem Lichte gezeigt. Görres urteilte viel zu günstig
über ihn, in einem Briefe an Wilhelm vom 2. Juni 1812: 'Er ist ein gutmüthiger
Mensch, der ein sehr gedrücktes Leben durchlaufen hat, und nun glaube ich seinen
Altenweibersommer feiert und vor Eitelkeit und täppischem Zuthun in seinem
Spitzrausch sich nicht zu lassen weiss.' Wilhelm hatte den unzuverlässigen, falschen
Gräter Görres gegenüber am 19. Jan. 1812 richtig charakterisiert: 'Gräter ist erst-
lich entsetzlich ehrsüchtig und dann nicht recht aufrichtig, wie ich aus unserm
Briefwechsel mit ihm weiss. Er ist toll auf die Ehre der Erstgeburt.' Wenn man
ohne Vorurteil den von H. Fischer herausgegebenen Briefwechsel zwischen J. Grimm
und F. D. Gräter liest, muss man dieselbe Auffassung gewinnen. Die Fragen
Jakobs vom 23. Juli 1811 nach dem Comburger Ms. liess Gräter ganz unbeant-
wortet; auf einen dringenden Brief Jakobs vom 10. (20.) Oktober antwortete er
am 22. November nur flüchtig, ohne die erbetene Auskunft, auf einen Hauptbrief
vertröstend, den er nie zu schreiben beabsichtigte. Er hatte unterdessen Schritte
gethan seine Abschrift des Reynaerd de Vos im Bragur VIII, 265 ffg. zur Ehre
des 1. Abdruckes zu bringen. Über das Ungenügende dieses Abdruckes vgl. die
Bemerkungen W. Bilderdijks in seinem Briefe an Jakob vom 31. März 1813,
Brieven van W. Bilderdijk III, 240 fgg.

20. Aus Göttingen werde ich Ihnen nichts zu melden brauchen, da Sie jetzt selbst mit der Societät und hoffentlich mit
einigen Professoren correspondiren. Tydeman wurde am 9. Mai 1811
auf Grund seiner Abhandlung 'de remediis civitatis agricolae bello afflictae' zum
correspondierenden Mitglied der Göttinger Gesellschaft der Wissenschaften ernannt.
Vgl. den Brief von de Villers 114. Er stand in Briefwechsel mit folgenden Göt-
tingern: G. F. Benecke, J. F. Blumenbach, H. R. Brinkmann, K. F. Eichhorn, C.
G. Heyne, A. L. von Schlözer, de Villers, deren Briefe an ihn die Maatschappij
der nederlandsche Letterkunde zu Leiden bewahrt. Vgl. den Katalog ihrer Bibliothek I, Leiden 1877, 70 fgg.

20. Ein köstliches Werk ist neulich in Deutschland erschienen, Niebuhrs röm. Geschichte. Vgl. Jakobs Brief an Görres vom
31. Dec. 1811, Freundesbr. I, 271: 'Niebuhrs römische Geschichte ist ein gar
schönes Buch, er macht sehr glaublich, dass dem Livius untergegangene epische
Gedichte in saturnischen Versen zum Grund liegen, und ausserdem ist alles an-
ziehend in seinen Untersuchungen, auch grundgelehrt.' Vgl. 81.

20. Schlegels Vorlesungen über die Geschichte hat Heeren
sehr würdig und brav recensiert. 'Über die neuere Geschichte. Vorlesungen gehalten zu Wien im Jahre 1810 von Friedr. Schlegel,' besprochen in den
Gött. gel. Anz. 1811, 1417—1432. Am Schlusse der Besprechung heisst es: 'Wir
haben freimüthig über ein Werk geurtheilt, dem wir selber einen Platz unter den
ersten historischen Werken unserer Zeit einräumen. Wir nahen uns, wenn uns nicht
alles trügt, dem Zeitpunkt, wo wir eine Geschichte, nicht des Deutschen Reichs,
sondern der Deutschen Nation erhalten werden. Gerade in einem solchen Zeitpunkt
ist es höhere Pflicht der Kritik, die Geschichte vor jeder Entheiligung zu bewahren.

Die Deutsche Geschichte aber wird entheiligt, wenn man das grösste Werk der Deutschen, wenn man die Reformation entstellt. Soll eine deutsche Geschichte ein Nationalwerk, ein κτῆμα εἰς ἀεί werden, so muss jede kleine engherzige Ansicht verschwinden, der Schaden fällt sonst unausbleiblich auf den Schriftsteller zurück; denn Wahrheit bleibt Wahrheit.'

IV. 21. Die Wiedereinrichtung der durch den Schlossbrand in die grösste Verwirrung gerathenen Kgl. Bibliothek. Vgl. Jakob an Görres vom 5. Dec. 1811, Freundesbr. I, 260: 'Die verzögerte Antwort lag an vieler Arbeit und Zerstreuung, worein mich der unglückliche Schlossbrand versetzt hat. Zwar ist die ganze unter meiner Aufsicht stehende Bibliothek noch gerettet worden, allein Local und Schränke verbrannt, so dass alles in unglaublicher Verwirrung liegt.'

22. Seit ich mir das altfranz. Gedicht aus drei Mss. nunmehr vollständig copirt habe. Am 12. Aug. 1811 meldete Jakob Görres, Freundesbr. I, 229: 'Nach mancherlei Umwegen und Feierlichkeiten (vgl. Jakobs Briefe an Ch. de Villers bei Isler 100 fgg, 107, 112) habe ich endlich den altfranzösischen roman du renard aus der Kaiserl. Bibliothek zu Paris hieher bekommen. Er hat über 25,000 Zeilen worunter eine Menge schlechtes leeres Zeug, und das kleine deutsche Gedicht aus Rom von nicht 3000 Reimen ist darum doch 13,000 mal besser.' Vgl. 'Herausgabe des alten Reinhart Fuchs durch die Brüder Grimm in Cassel' in Friedr. Schlegels deutschem Mus. 1812, 391 fgg., abgedr. J. Gr. Kl. Schr. IV. 52 fgg.

24. Wir beide schon seit vielen Jahren gemeinschaftlich und in einem Fache arbeiten. Vgl. u. a. Jakob an Wilhelm, aus Paris vom 12. Juli 1805, Jugendbr. 59: 'Lieber Wilhelm, wir wollen uns einmal nie trennen, und gesetzt man wollte einen anderswohin thun, so müsste der andere gleich aufsagen. Wir sind nun diese Gemeinschaft so gewohnt, dass mich schon das Vereinzeln zum Tode betrüben könnte.' Im November 1810 schrieb Wilhelm an Görres, Freundesbr. I, 139: 'Wie wir zusammen arbeiten in einer Sache und in einer Stube, so hat alles was uns begegnet etwas Gemeinschaftliches für uns.' So widmete auch Görres 1813 den Brüdern seine Ausgabe des Lohengrin mit dem Motto aus Titurel:

dise zwei künnen sich dô nit gevirren
dann mit dem tôd alleine
anders kan daz nieman dô geirren.

Vgl. Jakobs Rede auf Wilhelm, Kl. Schr. I, 166 fgg.

25. Die ungünstige Zeit des deutschen Buchhandels. Die Verhältnisse verschlimmerten sich in den nächsten Jahren immer mehr, vgl. Fr. Creuzer an Görres vom 9. Jan. 1814, Freundesbr. I. 406: 'Jakob Grimm klagt wie Sie über die Elendigkeit des Buchhandels. Er hat mehreres fix und fertig liegen. Cotta hat ihn ganz perfid behandelt. Darauf hat er sich an Reimer nach Berlin gewandt, der auch contrahirt hat, mittlerweile aber selber zur Landwehr abgegangen ist. Wenn man die Verarmung des literarischen Deutschlands und die jetzt nöthig gewordenen neuen Anstrengungen bedenkt, so muss man zweifeln, obvor einem Quinquennium etwas Rechtes aus der Bücherei unseres Vaterlandes werden kann.'

25. Gråbergs saggio istorico su gli scaldi. Vgl. über dieses

Buch die Besprechung Jakob Grimms in der Leipziger Literaturzeitung 1812, II, 2529 fgg., abgedr. Kleine Schr. VI, 128 fgg. und ausserdem seine Bemerkungen vom 29. Mai 1812 an Gräter in Grimms u. Gräters Briefwechsel her. v. H. Fischer, 36 fg.

26. Ich habe neulich von Hofstäters Ged. der Tafelrunde sowie von Hagens Grundriss der d. Poesie Recensionen nach Heidelberg geschickt. Sie wurden veröffentlicht in den Heidelb. Jahrbb. 1812, I, 620 fgg. resp. II, 849 fgg., abgedr. in Kl. Schr. VI, 71 fgg. und 74 fgg.

27. Ich freue mich auf seinen Ritter Elias. Vgl. W. J. A. Joncbloets Gesch. der niederl. Lit. übers. von W. Berg II, 571 fg.: 'Hat auch der Elius unzählige Detailschönheiten, so ist er doch als Ganzes ein sehr wunderliches Gedicht, das hauptsächlich zu des Dichters eigener Verherrlichung und zum Preise seiner hochadlichen Abkunft bestimmt ist.'

27. Was ich schon aus v. Wijns Avondstonden I, 270 entnommen hatte. Es heisst dort: 'De vier Heemskinderen souden zoonen geweest zijn van zekeren Overrijnschen Vorst, Aymon gezegd. Uit een van zijne zoonen leiden de onzen het geslagt der Heeren van Arkel af. Vid. Corn. Aurelius, bij Scriver. in Batav. illustr. 82. Excell. Chron. van Brab. VI. Kemps Beschrijv. van Gorinchen bl. 3.'

27. Die Franken von Trojanern absteigen. Vgl. Wilhelm Grimm, altdän. Heldenlieder, 431 fgg. 'Über die Sage von der trojanischen Abkunft der Franken,' abgedr. Kl. Schr. I, 204 fgg.

29. Charlemagne, Charlemaine (d. i. Karlman ursprünglich). Vgl. Jakob Grimm in seinem Aufs. über Karl und Elegast (1811) Kl. Schr. VI, 39: 'wieder eine Erklärung der ursprünglich gleichgiltigen Silbe man in Karls Namen. Die späteren Sagen weichen darin fast alle von einander ab, und Franzosen, Spanier, Italiener leiten es nach ihrer Art her. Die jüngste Auslegung ist die, welche geblieben und sogar von der strengen Historie angenommen worden ist. So hat sich des Helden Name zuletzt eine Glorie aus sich selber erzeugt, nachdem die Sage lange unschuldig damit gespielt.'

30. Fr. Schlegels histor. Vorlesungen sind reich an geistvollen Ansichten, allein noch mehr erregend als gründlich. Vgl. Wilhelms Urteil, an Görres, 12. Juni 1811, Freundesbr. I, 217: 'Schlegels Buch über die Geschichte ist auch angekommen; ich habe ein paar Capitel gelesen, es ist eine geistreiche Willkür darin, und ich habe dabei gewünscht, dass wir nur einmal erst die Geschichte selber hätten, was darüber ist, ist doch nur darunter.'

30. Den Auftrag an Villers habe ich acht Tage nach Empfang Ihres 2. Briefs gleich besorgt, und ich zweifle bei seiner kundigen Gefälligkeit nicht, dass er es gleich weiter gethan hat. Am 24. Febr. 1812 schrieb Jakob an Villers, Islers Auswahl 113: 'Tydeman aus Franeker bittet mich Ihnen zu schreiben, dass er Ihre voriges Jahr vor der pariser Reise abgesandte depeche nicht erhalten habe, und dass Sie ihm einen Dienst erweisen würden, wenn Sie jetzt, wo man in Paris die Organisation des holländischen Schulwesens vorhat und von der Wiederanstellung der auf den eingegangenen Universitäten angestellten Professoren die Rede ist, an Ihre dortigen Freunde schreiben und solchen, die hiebei Einfluss haben, empfehlen wollten. Es sey ihm in der Hauptsache eins, in Gröningen oder Leiden angestellt zu werden.'

32. Hagen in seinem Narrenbuche. Vgl. über dieses Buch die Besprechung Wilhelm Grimms in der Leipziger Literatur Zeitung, 1812, II, 1281 fgg. abgedr. Kl. Schr. II, 52 fgg.

82. In den Nris 31—34 der hall. allg. Lit. Zeitg. steht von mir eine umständliche Recension der neuen isländ. Grammatik. — Ich habe einige allgemein grammat. Punkte zu berühren versucht. Görres schrieb über dieselbe am 2. Juni 1812 an Wilhelm, Freundesbr. I, 329: 'Ihre oder Ihres Bruders Rec. der isländ. Grammatik in der Hall. Lit. Zeit. hat mir recht wohl gefallen. Es ist ein eigner scharfer Blick in den Mechanismus der Sprache darin, den ich bewundere, weil ich ihn nicht habe, da ich Sprachen immer ungebührlich sehr als Werkzeuge angesehen habe, ohne zu bedenken, dass das Werkzeug selbst wieder eine Wissenschaft ist und hat.' W. Bilderdijk äusserte sich über dieselbe Rec. in seinem Briefe an Jakob vom 25. Febr. 1813, Brieven III, 228, folgendermassen: 'je l'ai lue avec le plus grand plaisir du monde, et j'y ai admiré à la foi votre érudition et la sagacité de votre esprit à pénétrer dans les sources des phénomènes que les langues nous offrent. Ce que vous observez de la forme passive des verbes m'a frappé particulièrement. Nous nous y sommes rencontrés.' Vgl. Anm. zu 46. In den Kl. Schriften Jakob Grimms IV, 65 fgg. ist entsprechend der ursprünglichen Tendenz dieser Sammlung nur Anfang und Schluss der umfangreichen Recension mitgeteilt. Da die Sammlung jetzt eine vollständige werden soll, so begreift man nicht, weshalb nicht der VI. Band schon den unverkürzten Abdruck dieser Besprechung gebracht hat, deren Bedeutung für die Einsicht in Grimms Entwicklungsgang im IV. Bande, 65, ausdrücklich anerkannt worden.

82. Eben trifft ein Brief von Bilderdijk vom 1. März ein, worin mir meine noch unverdiente Ernennung zum corresp. Mitglied der 2. Kl. des Instituts angekündigt wird. Ich hoffe gleich mit einer angenehmen Nachricht über die comburger H.S. antworten zu können. In den Brieven van Willem Bilderdijk, III, Amsterdam 1837, sind S. 196—258 sechs Briefe, welche B. als Sekretär der 2. Kl. des Holländ. Institutes in den Jahren 1812—15 an Jakob geschrieben, nach den Abschriften im Besitz des Instituts, mitgeteilt. Der erste dieser Briefe ist vom 27. Mai 1812. Er beginnt: 'Je n'ai eu rien de plus empressé que de communiquer à la Classe l'honneur de votre obligeante lettre du 15 Avril; je me trouve chargé de vous témoigner la satisfaction particulière de l'avantage que vous lui accordez, Monsieur, de vous compter parmi ses Membres correspondans. — Les démarches que vous venez de faire, Monsieur, par rapport aux Mss. de Comburg, vous donnent un droit réel à notre reconnaissance, et je n'ai pas besoin de vous exciter à les poursuivre. Sensible comme Elle doit l'être à votre empressement à l'obliger, la Classe s'en repose parfaitement sur vous. En attendant, j'accepte en son nom l'offre gracieux que vous venez de nous faire. Soyez persuadé, Monsieur, que de notre côté nous agirons avec la même cordialité, et qu'il nous sera bien doux de vous réciproquer nos services en tout ce qui dépendra de nous.

Quant au Reintjen de Vos, on nous a prévenus, et il n'y a pas de doute que Mr. Gräter ne s'acquitte parfaitement bien de son entreprise. Au reste peu importe par qui, pourvû que la chose se fasse; mais nous serions bien fâchés de n'avoir aucune part dans un travail littéraire qui par son objet nous regarde de si près. Nos rapports avec Maerlant et, si j'ose le dire, nos droits sur lui (en cas que l'on puisse admettre un jus praeventionis dans cette matière) me semblent justifier nos désirs de donner au public toute ce qu'on a de cet écrivain, peu connu jusqu'ici.'

V. 83. Ich schreibe eben an Bilderdijk wegen des Comburger Ms., dessen Mittheilung Schwierigkeiten macht. Bilderdijk erhielt diesen Brief vom 25. Mai am 8. Juni. Aus seiner Antwort vom 10. Juni, Brieven III, 202 ff., ersieht man, wer die Schwierigkeiten veranlasst: 'Je ne conçois pas, Monsieur, quelle espèce de jalousie s'en puisse mêler pour nous enlever l'avantage d'examiner les Mss. de notre Maerlant. Que Mrs. Gräter ou Wekherlin en donnent les premières annonces, et même (s'ils trouvent qu'ils en savent plus que ses compatriotes) qu'ils le publient. J'y consens volontiers, et j'ose vous affirmer franchement, que ce n'est pas la vaine gloriole d'en procurer l'édition qui touche la Classe. Nous n'aspirons qu'à l'utilité commune, et peu importe par qui la chose se fasse, pourvu qu'elle soit faite et bien faite. Mais nous refuser une communication qui dans la république des lettres est considéré comme un droit coutumier, je vous avoue, Monsieur, que cela m'étonne surtout d'après les procédés qu'on tient dans la Bibliothèque Impériale à Paris et dans celle de Leyde. Mais quoiqu'il en soit, nous vous avons d'autant plus d'obligation de vos efforts dans cette affaire, et je vous prie au nom de la Classe, de la poursuivre de la manière que vous trouverez à propos.'

33. Das meiste Aufsehen in der Literatur hat in letzter Zeit Schellings heftige Schrift gegen Jacobi gemacht. Sie erschien unter dem Titel: Denkmal der Schrift von den göttlichen Dingen des Herrn F. H. Jacobi. Tübingen 1812. Von Interesse ist es die Äusserungen von Friedr. Jacobs über Schellings Auftreten mit denen Jakob Grimms zu vergleichen. Sie finden sich in seinem Briefe an Jacobi vom 25. April 1812 (Aus Jacobis Nachlass von Zöppritz II, 78.): 'Ich brauche Ihnen nicht zu sagen, wie der neue Krieg, der in dem Schoose der Academie aufgelodert, auf mich gewirkt hat. Auf solche Ausbrüche war ich nicht gefasst. Dass etwas zwischen Ihnen und Schelling lag, was geselligere Annäherung hinderte, hatte ich freilich ehedem ungern bemerkt, und es that mir weh, dass Sch. Ihr freundliches Entgegenkommen so wenig erwiderte. Ich mochte nicht gern glauben, dass es etwas anderes wäre, als die Verschiedenheit der Lehre, auch hatte Sch. nie weder gegen mich, noch gegen einen meiner Bekannten etwas geäussert, das auf persönliches Missverhältniss gezielt hätte. Jetzt aber bin ich anderer Meinung und ich vermuthe, zumal wenn ich an mancherlei vages Geschwätz denke, das ich wol sonst gehört, dass früher der Groll in Sch. Herz gelegt worden, und dass er die erste Veranlassung ergriffen, um dem alten Unmuthe Luft zu machen. Zwar habe ich das Denkmal, das er seiner Denkweise gesetzt, bis jetzt weder gesehn, noch gelesen; auch wird mich der Himmel vor einer Lektüre bewahren, die ich wie die Annäherung an den Giftbaum fürchte; aber was ich gelegentlich darüber gelesen, und von Lesern gehört habe, hat mich mit der tiefsten Indignation erfüllt. — Jede Erwidrung erscheint mir Erniedrung.' Wie geteilt die Auffassungen waren, ersieht man aus den Freundesbriefen an Görres I, 297 fg., 305 fg., 307 fg., 318 fg.

84. Von Göttingen weiss ich wenig, denke aber in sehr kurzem hinzureisen. Vgl. den Brief Wilhelms an Aug. v. Haxthausen vom 11. Juni 1812 in meinen Freundesbr. 4: 'Mein Bruder ist seit einer Woche in Göttingen.'

84. Villers ist allmälig wieder vergnügter, auch mit seiner Professur, die ihm anfangs wegen der trockenen Diplomatik schwerer ankam. Am 19. Jan. 1812 schrieb Wilhelm an Görres, Freundesbr. I, 272: 'Villers ist wieder zurück nach Göttingen. Er verwünscht sein diplomatisches Collegium und möchte lieber etwas anderes lesen, er klagt sehr über die mannigfache Art, womit er zerstreut werde, was bei seiner beispiellosen Gefälligkeit und bei seiner eigenthümlichen Liebenswürdigkeit begreiflich genug ist.' Vgl. den Brief von Fr. Creuzer an Gorres vom 26. Febr. 1811, Freundesbr. I, 185: 'Was sagen Sie, dass Villers nun auch Göttinger Professor geworden ist? Ich höre, er wird Historie, auch Kirchenhistorie lesen. Sollte er sich noch in das zwangvolle Studentenleben einfügen können? Kann ers, so halte ich es für die steife Vornehmheit der meisten Göttinger sehr vortheilhaft, dass einmal ein solcher Mann unter sie kommt.'

84. Kannes Schriften in diesem Fach, bes. seine Urkunden und neuerdings sein Pantheum. Vgl. das Urteil Jakobs in einem Briefe an Görres vom 5. Dec. 1811, Freundesbr. I, 261 fg.: 'Mit ausnehmendem Vergnügen lese ich jetzt Kannes Pantheum (der ältesten Naturphilosophie, die Religion aller Völker), und habe mir sogleich die (ersten) Urkunden (der Geschichte oder allgemeine Mythologie) nachverschrieben, was bisher, ich weiss nicht warum, verschoben worden war. Solche reiche, glückliche Combinationen sind mir in meinem Leben noch nicht vorgekommen; die die Etymologie immer verachtet haben, mögen nun sehen, wie sie auskommen. Und alles ist geistreich, scharf und eine würdige, tiefe Ansicht des Ganzen, wie in Ihrer Schrift, neben welcher mir Kannes Buch durchaus das Wahrste und Fruchtbarste ist, was in der Mythologie geleistet worden ist. Sonst möchte ich den Eindruck, den mir beide gemacht, etwa so vergleichen, dass mir Ihr Buch eine Blume ist, die sich schöner und reiner entfaltet hat, Kannes seins, eine die stärker riecht wegen der vielen Pore.... Seine Leugnung alles Historischen in dem Mythischen ist insofern recht, als sie ihn das Göttliche in den Mythen finden, aber unrecht, insofern sie ihn das Menschliche eben darin verlieren lässt. Das Göttliche geht immer durch alles durch, aber das Menschliche lebt doch, darum erkläre ich mir die Übereinstimmung der Mythen nicht nur aus der ersten grossen in alle Welt ausgegangenen That, sondern zugleich aus einer unaufhörlichen Wiedergeburt derselben.' Ähnlich urteilt Wilhelm in seinem an demselben Tage an Görres gerichteten Briefe (a. a. O. 268 fg): 'Ich lese eben auch Kannes Buch. Als ein Ganzes nach seiner Idee betrachtet ist mir ohne Vergleich Ihr Werk lieber, ansprechender und lebendiger. So geistreich und überaus scharfsinnig das ist, was er gibt, so entschädigt er doch nicht dafür, dass er mir alles andere Leben wegschneidet. Gott hat sich im Wort offenbart, aber er wird es selbst wissen, dass wir es nicht wieder ganz aussprechen können, und dass wir auf den Hohen und Blüten eines jeglichen Lebens nach Erkenntnis desselben streben müssen. Gott hat auch den Menschen nach seinem Ebenbild formirt, aber nicht blos in den Gesichtszügen soll ich nun das Göttliche suchen, sondern in allen Äusserungen des Menschen. Hier kann ich auch sagen, wie viel ich auf seine Etymologie gebe, nämlich wie im Ganzen das Bezeichnen der Menschen nach ihren Physiognomien unfehlbar ist, so muss es auch zum Theil im Einzelnen wahr sein, aber nicht durchaus, weil die Gottheit ihre Gesetze nie scharf, sondern lieblich ausdrückt. Man soll aber erst die innere Verwandtschaft aufzusuchen streben, ehe man an dieses kommt, sonst muss vieles falsch sein, wie es ein Theil seiner Etymologien wahrscheinlich sind. Indem er das Leben von sich schiebt, scheint er fast in einem Irrthum begriffen, wie die indischen Büssende oder in Nachdenken Versunkene, die auch das Leben ausser dem Leben zu verstehen hofften. Es fehlt dem Kanne ein Stück vom Jean Paul, was dieser ausser dem Witz noch hat.' Vgl. noch die Erwiderung

von Görres a. a. O. 283 fg.: 'Ich soll nun auch Kanne recensiren; es kostet mir
mehr Zeit als ich daran zu wenden habe, indessen bin ich über das tückische
Schweigen über ihn erbittert, und ich werde mich wol späterhin dran geben. Ich
kenne sein Pantheon noch nicht. Die Urkunden sind wie ein Witzpelotonfeuer
Schlag auf Schlag, nachher hundert Echos, die wieder mit eingeladen und los-
geschossen, sich selbst nicht mehr kennen. An Witz kommt ihm keiner gleich,
auch in seinen andern Schriften; wie ein scharfer, spitzer Obelisk steht er da. —
Einverstanden bin ich mit ihm weit nicht über alles, seine Ansicht ist aber wieder
ein Obelisk, aus dem weiten Himmelsblau herausgeschnitten, und darum so stechend
und unheimlich.' Vgl. über Kanne Raumer, Gesch. d. germ. Philologie 362—65.

84. Creuzers Symbolik wird immer noch in der Jen. L. Z.
wegen Eichstädts Feindseligkeit unwürdig behandelt. Vgl. den
Brief Fr. Creuzers an Görres vom 6. Mai 1812, Freundesbr. I, 318: 'Unterdessen
werden Sie gelesen haben, wie die Jen. L. Z. meinen 2. Band zwei Nummern hin-
durch dem Publikum Preis gegeben hat. Es ist wieder ein feines Stück Arbeit.
Vorerst die mythologischen Briefe als Polarstern, dann meine Wege als lauter Irr-
und Nebelwege von dem rechten Centrum. Dabei Verdrehungen, Auslassungen und
falsche Anschuldigungen die Menge. . . Das war alles zu erwarten, zumal nach
dem neusten Zeichen von Verachtung, die ich dem Eichstädt gegeben und den
neuen Ärgernissen für die Vossiden.'

VI. 85. Was soll ich Ihnen von dem neusten, Professor Rühs
in Berlin sagen. Vergl. Jakob Grimms Besprechung der 'Edda nebst einer Einleitung über die nordische Poesie und Mythologie von F. Rühs' in der Leipziger
Literatur Zeitung, 1812, II, 2289 fgg., 2297 fgg. abgedr. Kl. Schr. VI, 106 fgg.
Wilhelm schreibt am 3. Sept. 1812 an Görres, Freundesbr. I, 350: 'In anderer
Art schlecht ist Rühs über die Edda und beruht ganz auf Arroganz und Unwissen-
heit; ich habe eine Recension nach Heidelberg geschickt, worin dies für einige
seiner albern Gedanken, die er für die besten hält, bewiesen ist; ihn ausführlich
zu widerlegen ist er wirklich zu elend.' Wilhelms Recension aus den Heidelberg.
Jahrbb. V, 2, 962 fgg. ist abgedr. in den Kl. Schr. II, 80 fgg., seine Epikritik gegen
Rühs a. a. O. 100 fgg.

87. Verlangend etwas über Ihre Wiederanstellung zu hören,
die nun wohl entschieden seyn muss. Als 1810 nach der französischen
Okkupation die Akademie Franeker in ihrer Existenz bedroht wurde, liess T. sich
als Advokat am Hofe von Friesland vereidigen. Nach Aufhebung der Akademie
im April 1812 erhielt er die Erlaubnis am Gerichtshofe zu Leeuwarden als Advokat
zu fungieren. Er war mit grossem Erfolg praktisch thätig, wurde aber schon am
6. Juli 1812 als Professor des Code Napoleon an der Universität Leiden angestellt.
Seine Bestallung, vollzogen unter dem angeführten Datum von dem Grossmeister der
Kaiserl. Universität, Louis de Fontannes, erhielt er am 9. Aug. 1812. Vgl. Levensberigt van Hendrik Willem Tydeman door J. W. Tydeman, 414 fgg.

87. Görres hat nach den göttinger Mss. den ganzen prosaischen Ferdusi durchgearbeitet. Vgl. Freundesbr. I, 165, 199, 202, 217,
227 fg., 234, 245 fg., 270, 280 fg., 292 fg., 309 fg., 320 fgg., 345, 352, 369,
383, 393, 395, 599. Erst 1820 erschien das Heldenbuch von Iran aus dem Schah
Nameh des Firdusi von J. Görres, in 2 Bänden.

VII. 40. Wir besitzen jetzt einen scharfsinnigen Sprach-forscher Radlof, ... wenn er nur nicht von einem unseligen Pru-ritus erfüllt wäre. Vgl. Wilhelms Äusserung in seinem Briefe an Jakob vom 3. Nov. 1814, Jugendbr. 378: 'Was wird mit der Consequenz, die alles übersetzen will, gewonnen? Nach meiner Meinung gar nichts, denn sie geht über die natür-liche Grenze hinaus, und ein solcher Namen ist gar nichts besser, als ein Radlofisch gebildetes Wort, dem auch nichts fehlt als das Leben, und das man vertheidigen kann gegen alle Gründe, nur nicht gegen das lebendige Gefühl.' Es konnte nicht ausbleiben, dass Jakob Grimm und Radlof später hart einander geriethen, vgl. den Brief Jakobs an Hoffmann v. F. vom 20. Aug. 1820, Germ. XI, 380: 'Gegen einen andern dortigen Professor, ich meine Radlof, habe ich mich soeben öffentlich wehren, d. h. seine Gemeinheit von mir abwehren müssen. Das ist ein elender Patron und Erzpedant.' Jakobs 'Erklärung über den Prof. Radlof in Bonn' steht in der Jen. Lit. Zeitung, 1820, 647 fg.

41. Kanne hat ein Panglossum vor, von dem ich viel erwarte, nur hemmt der Buchhandel jetzt alles. Vgl. den Brief Wilhelms an Jakob vom 20. Nov. 1815, Jugendbr. 489: 'Kanne hat sein grosses Glossarium verbrannt, nachdem ihm der russische Kaiser auf einen Brief, in dem er ihn gebeten, es auf seine Kosten drucken zu lassen, nicht geantwortet.'

42. Für Görres bibliotheca vaticana habe ich in hiesiger Gegend 15—16 Subscribenten gesammelt. Unterm 24. November 1812 schrieb Wilhelm an Görres, Freundesbr. I, 361: 'Für Ihre Bibliotheca Vati-cana haben wir uns natürlich sehr interessiert, Sie erhalten hierbei die Liste der Subscribenten (dieselbe zählt, wie Binder, der Herausgeber der Görresbriefe bemerkt, nur dreizehn Namen), die wir in unserem Bereich haben auftreiben können, be-kommen Sie indessen überall nach Verhältniss so viele, so ist wol die nöthige Zahl beisammen, denn es herrscht nirgends eine solche Gleichgültigkeit gegen Literatur wie hier herum. Nach Göttingen und nach Berlin haben wir gleichfalls Exemplare der Ankündigung geschickt, es muss sich nun zeigen, was sie wirken.' Vgl. a. a. O. I, 106, 282, 325 fg., 346, 372, 373, 506. Am 15. Jänner 1817 schrieb Görres an Wilhelm a. a. O. 509: 'Sie sehen daraus, dass die Idee der Bibliotheca Vati-cana aufgegeben ist. Der winzige Raum von vier Bänden reicht ohnehin zu einem solchen Reichthum nicht weit, und es ist überhaupt zu viel Gleichartiges und zu wenig colossal Vorragendes, als dass man eine gerechte Auswahl machen könnte.'

VIII. 46. Bilderdijks gelehrte Anmerkungen zu der Rec. von Rask haben mich mannichfach unterrichtet. Vgl. Bilderdijks Brief an Jakob vom 31. März 1813, Brieven III, 249: 'Mr. Tydeman, actuellement Pro-fesseur à l'université de Leyde, vient de me dire, qu'il vous a communiqué quelques extraits que j'avais faits de votre belle recension de la Grammaire Islandaise de R., avec des petites annotations sur quelques objets que vous y touchez. Je pourrais m'en plaindre avec tout autre; mais vis-à-vis de vous, Monsieur, il m'aura rendu service, si cela vous engage à m'ouvrir là-dessus vos idées plus lumineuses.'

IX. 48. Immittelst ist mir Ypey gewiss von Nutzen. Vgl. 62 u. Deutsche Grammatik. I (1819), LXXVI: 'Von einer neueren Schrift (beknopte Ge-schiedenis der nederlandsche tale door Ypey, Utrecht 1812) weiss ich wenig rühm-liches zu melden.'

48. Hüten muss man sich vor einer kürzlich erschienenen

von Hinzberg. Vgl. Jak. Grimms Besprechung derselben in der Leipziger Literaturzeitung 1816, I, 242 fgg. Abgedr. Kl. Schr. VI, 200 fgg.

X. 50. Antworten Sie mir nicht eher, bis ich mit etwas
besserem komme. Mehrere Briefe Jakob Grimms an T. aus dieser Zeit sind
verloren gegangen. Der Inhalt eines derselben lässt sich noch angeben. Am
12. Febr. 1814 schickte Wilhelm einen Brief T.s an Jakob nach Wien, vgl. Jugendbr. 293: 'einen von Tydeman hatte ich Dir zugeschickt (252), er wünscht,
dass Du mit dem holländischen Legationssecretär in Verkehr treten und durch ihn
schreiben möchtest.' Erst am 1. Mai traf dieser Brief ein, a. a. O. 313. Jakob
antwortete am 16. Mai 1814, an Wilhelm a. a. O. 328: 'Heute habe ich an Tydeman
nach Holland geschrieben und gefragt: ob etwa van Wijn sein Fragment auch noch
dem Zimmermann mitgetheilt habe, was zu unserm Nachtheil sein könne. Wir
werden also über diesen Punkt hoffentlich bald beruhigt werden.'

XI. 51. Der unerwartete Todesfall einer vielgeliebten Tante.
Henriette Philippine Zimmer, sie starb am 15. April 1815. Die Brüder waren ihr
sehr zu Dank verpflichtet und hingen mit herzlicher Liebe an ihr. Jakob sagt in
seiner Selbstbiographie über sie: 'Das Vermögen der Mutter war schmal und sie
hätte uns 6 Kinder schwer auferziehen können, wenn nicht eine ihrer Schwestern,
H. Ph. Zimmer, die bei der höchstsel. Kurfürstin oder damaligen Landgräfin von
Hessen, erste Kammerfrau und von der reinsten, aufopfernden Liebe zu uns beseelt
war, sie treulich unterstützt hätte. Diese liess mich und meinen Bruder Wilhelm
also im J. 1798 nach Cassel kommen und in Kost geben, damit wir uns auf dem
dortigen Lyceum ausbilden sollten.' An ihrem Sterbetage schrieb Wilhelm an Jakob,
Jugendbr. 446: 'Ach Gott, liebster Jakob, in welcher Herzenstraurigkeit schreibe
ich Dir! Heute Morgen nach 9 Uhr um 3 Viertel auf 10 hat der liebe Gott unsere
liebste, beste Tante zu sich genommen. Drei Tage hat sie zu Bett gelegen an
einem ganz unbedeutenden Katarrhfieber, noch gestern Abend sprach sie so gut mit
mir und gestern Morgen schien sie aufstehen zu können; auch die Nacht über ist
sie wohl gewesen und liess uns heute Morgen um 8 Uhr auch sagen, es gehe gut,
um 7 ist sie noch aufgewesen, aber nach 8 ist ein Stickfluss gekommen und hat sie
gleich gelegen und nicht mehr gehört. Eben in dem Augenblicke war sie gestorben,
wie ich kam... Gestern Abend war sie noch vergnügt über uns und freute sich,
dass es uns im Ganzen doch wohl gehe und sie nur Gutes von uns höre, Gott sei
immer bei uns gewesen.' Vgl. a. a. O. 447 fg., 451.

52. Ein Aufsatz über Mythos und Epos. Genauer: 'Gedanken über
Mythos, Epos und Geschichte mit altdeutschen Beispielen.' Abgedr. Kl. Schr. IV,
74—85.

52. Eine Critik der Göttlingischen Schrift über die Nibelungen. Abgedr. Kl. Schr. IV, 85—91.

52. Liessen ein Briefcircular drucken. Vgl. den Brief Jakobs an
Wilhelm vom 10. Febr. 1815, Jugendbriefe 425 fg. 'Endlich hat auch der gedruckte Circularbrief, welcher aus der hier von mir gestifteten Gesellschaft ausgeht,
die Presse verlassen und es werden dieser Wochen bereits gegen fünfzig in alle
Theile des Reichs ausgesandt. Aus den beifolgenden an August Haxthausen, Bauer
und Wigand (weil so etwas aus der Ferne kommend besser aussieht, bereits von
mir ausgefüllten) kannst Du das Nähere sehen, mit erster Gelegenheit sollst Du dann

noch mehr Exemplare zum eigenen Aussenden empfangen. Ich bitte doch dabei überhaupt zu bedenken:

1) das Circular ist darauf berechnet, dass jedes Mal den besonderen näheren Umständen angemessen, dazu noch geschrieben werde. Jedes Mitglied unterzeichnet blos seinen Namen, giebt dem Correspondenten Adressen an, durch welche die Beiträge an es gelegentlich gelangen.

2) In jeder Landschaft muss ein Hauptsammler sein, der die Untersammlungen einzieht, und sie sodann wieder an uns gelangen lässt. Ich halte ein ordentliches Buch, worin Name, Wohnort und Zeit der Einladung eines jeden Sammlers eingetragen werden.

3) Es ist gar nicht einmal nöthig, dass entfernte Sammler den Ursprung und Zusammenhang der Gesellschaft überhaupt wissen, und dazu scheint jenes vielfältige Unterzeichnen ein treffliches Mittel. Das Ganze gewinnt dadurch allenthalben Nähe und Vertraulichkeit.

4) Bloss an einfache, thätige Menschen muss man sich wenden und nicht einmal allen darunter die Unteraustheilung der Briefe auftragen. Sie mögen in ihrem Umkreis Privatbriefe ausschreiben.

5) Es wird gut sein, in jedem Schreiben auf Muster und Beispiele zu weisen, z. B. Otmars Volkssagen, unsre Kindermärchen u. s. w. Auch kann man einen oder den andern Umstand, z. B. die überwiegende Wichtigkeit von No 2, unter den sechs Punkten hervorheben. Andere kann man dadurch gewinnen, dass man auch auf Wörtersammlungen und Idiotismen dringt.

6) Ich freue mich zumal auf Beiträge aus Tyrol, Deutsch-Böhmen, Steiermark, der Schweiz und Schwaben. Die Leute, wenn sie schwarz auf weiss gedruckt sehen, werden schon ernstlicher gesinnt. Die schöne Gelegenheit zur Ausbreitung hätten wir nirgends so erlangt, als durch meine Anwesenheit hier.'

54. In Deutschland sind wir des besten Muths. ... Eine der trefflichsten die niebuhrsche über Preussen und Sachsen. Vgl. den Brief Jakobs an Wilhelm vom 6. März 1815, Jugendbr. 437: 'Ich habe Dir die Zeit über nichts mehr schreiben mögen von diesen politischen Dingen; Niebuhrs Abhandlung (Preussens Recht gegen den sächsischen Hof) wirst Du gelesen haben; sie ist geistreich und tugendhaft, allein parteiisch; entweder sind wir alle aus der Begeisterung von 1813 herausgekommen (und daran haben die Preussen auch ihr Theil Schuld), oder wir sollen allem bösen Schein zum Trotz festhalten an dem Reinen. Das Letztere glaube ich. Alsdann sollen wir sämmtlich gegen einander mild und gerecht sein, bloss auf das gute Volk sehen, nicht einseitig auf das Bessere oder Schlechtere in der jetzigen Verwaltung. Die meisten Verhandlungen sind wie von Anfang an immer noch gemein und schlecht, über einige geheime Triebfedern selbst der besseren Menschen mag ich hier nichts sagen, weil der Brief vermuthlich, wie meistentheils doch erbrochen wird. Niemand kann bestimmt sagen, wann wir von hier wegkommen, weil in allem Langsamkeit, Falschheit und Schwäche herrschen, die nur scheu auftreten.' Vgl. meine Freundesbr. 30 mit der Anm. 206 fg.

55. Ich habe auch zwei Aufsätze dahin geliefert, .. beide sind aus dem deutschen Recht. Die Zeitschr. für geschichtliche Rechtswissenschaft enthält Bd. I (1815), 323—37: 'Über eine eigene altgermanische Weise der Mordsühne,' Bd. II (1815. 1816), 25—99: 'Von der Poesie im Recht.' Beide jetzt abgedr. in den Kl. Schr. VI, 144—152, resp. 152—191.

55. Seine Abhandlung über den Beruf unserer Zeit zur Ge-

setzgebung kennen Sie doch?' 'Vom Beruf unserer Zeit für Gesetzgebung und
Rechtswissenschaft, Heidelberg 1814.' Vgl. Wilhelm Grimms Urteil über dieselbe
in seiner Besprechung der Gegenschrift von N. Th. v. Gönner im Rhein. Merkur vom
30. Mai 1815, abgedruckt in den Kl. Schr. I, 550.

55. Das von Hrn. D. Bunsen besorgte Pack Bücher hat mein
Bruder, wie er mir längst geschrieben, zurecht empfangen. Vgl.
den Brief Wilhelms an Tydeman 91. Am 30. Jan. 1815 schrieb Wilhelm an Jakob,
Jugendbr. 423: 'Beikommende Briefe hat Doctor Bunsen, der schon im Frühjahr
bei mir war, sowie die darin angegebenen Bücher (zwei Bände Maerlant und eine
Sprachlehre) und Dein Diplom auf Pergament mitgebracht.'

55. Die wichtige Spur der niederl. Nibelungen weiter zu verfolgen, hat mein Bruder bereits Sie aufgemuntert. Vgl. den Brief
Wilhelms an Tydeman 93 und Jugendbr. 423 fg. Am 21. Febr. 1815 schrieb Jakob
an Wilhelm, Jugendbriefe 432: 'Die Spur von den niederländischen Nibelungen ist
sehr wichtig, ich werde noch selbst an Tydeman schreiben und die Sache dringend
machen. Was ich Dir voriges Jahr von Paris aus meldete (vgl. Jugendbr. 338) über
den hörnen Siegfried, stimmt auch dazu.' Später haben sich in der That Bruchstücke
einer niederländischen Bearbeitung des Nibelungenliedes gefunden, von dem Besitzer
C. P. Serrure in Gent veröffentlicht in Mones Anzeiger (1835) IV, 191—193 (abgedr.
v. d. Hagens Germ. I, 339—343) und in seinem 'Vaderlandsch Museum voor nederduitsche Letterkunde,' Gent 1855, 1 fgg. (abgedr. Pfeiffers Germ. I, 215—217).

56. 40 neue Strophen zum Nibelungenlied. Vgl. 61, 93 und
Anm. zu letzterer.

56. Des braven Villers Tod wird Sie wie mich sehr betrübt
haben. Ein Nervenfieber raffte Villers am 26. Febr. 1815 in seinem fünfzigsten
Lebensjahre dahin. Vgl. Chr. A. Brandis Autobiographie im Almon. d. Kais. Ak.
d. W. XIX, 249: 'Den Grund zu seinem bei übrigens körperlicher Rüstigkeit früh-
zeitigen Tode hatte unstreitig eine Kopfwunde gelegt, die er früher erhalten, be-
schleunigt aber ward sein Ende wahrscheinlich um einige Zeit durch den Kummer
über den Undank mit dem ihm seine treue Sorge für Göttingen während der franzäs.-
westfälischen Herschaft gelohnt ward. Der Neid einiger Kollegen oder ihrer Frauen
hatte ihn, welchen Marschall Davoust als deutsch gesinnt so bitter hasste und ver-
folgte, bei den Machthabern in Hannover des Franzosentums verdächtigt und selbst
edle Männer gegen ihn einzunehmen gewusst.' S. ferner Isler, Auswahl XVII fgg.
Görres Nachruf aus No. 206 des Rhein. Merkur vom 11. März 1815 abgedr. in
seinen politischen Schriften II, 452 fgg.

XII. 59. Belieben Sie nur zu melden, wie viel Exemplare
von ersterem (d. armen Heinrich) Sie etwa dort absetzen können.
Vgl. S. 61. Die Brüder veröffentlichten Hartmanns armen Heinrich zum besten
der hessischen Freiwilligen. Am 10. December 1813 erliessen sie den Aufruf zur
Praenumeration, abgedr. Wilh. Gr. Kl. Schr. II, 504, in dem es u. A. heisst: 'In der
glücklichen Zeit, wo jeder dem Vaterlande Opfer bringt, wollen wir das altdeutsche
schlichte, tiefsinnige und herzliche Buch vom armen Heinrich, worin dargestellt
ist: wie kindliche Treue und Liebe Blut und Leben ihrem Herrn hingibt und dafür
herrlich von Gott belohnt wird, neu herausgeben. Ihro königlichen Hoheiten, die
Kurfürstin und Kurprinzessin haben erlaubt, dass es ihnen zugeeignet werde, und
der Ertrag ist zur Ausrüstung der Freiwilligen bestimmt... Wir vertrauen zu den

braven Hessen und allen Deutschen, dass sie unsere Absicht bereitwillig aufnehmen und unterstützen werden. Die sämmtlichen Prediger des Landes bitten wir besonders die Ankündigung zu verbreiten und sich der Mühe des Sammelns zu unterziehen.'

XIII. 60. Ob die im vorigen Mai von Wien aus abgegange-nen.. Päckchen.. seitdem angelangt sind. Sie kamen erst im September an, vgl. den Brief W. Bilderdijks an Jakob vom 28. November 1815, Brieven III, 251. Die Abhandlung über die Irmenstrasse war dem holländ. Institute gewidmet. Bilderdijk schreibt darüber, a. a. O.: 'j'ai offert l'exemplaire et la dedicace, et je suis chargé de vous temoigner la sensibilite de notre Corps littéraire et scientifique, et de vous faire agréer sa reconnaissance pour cette preuve marquante que vous vouliez bien nous donner d'une estime et d'une consideration que jusqu'ici nous n'avons pû nous attirer par nos travaux publiés. Croiez, Monsieur, que le mérite de vos ouvrages est reconnu chez nous comme il le faut, et que nous saisirons tou-jours avec empressement toute occasion qui pourra se présenter de vous prouver combien nous les apprécions. Pour moi, Monsieur, qui me trouve honoré par le don d'un de ces exemplaires, je vous prie d'être persuadé que personne ne saurait partager ces sentiments avec plus de ferveur et de sincérité. Comme à vos succès, Monsieur, je ne puis qu'applaudir à vos entreprises, que vous m'annoncez.'

61. Ihre Onmerkingen op de Grondwet. Im J. 1815 liess T. zu Dordrecht anonym erscheinen seine 'Aanmerkingen op de Grondwet voor de Ver-eenigde Nederlanden.' Über den Erfolg derselben vgl. Levensberigt van H. W. Tydeman 417.

61. Briefwisseling van eenige Regtsgeleerden. Sie erschien zu Leiden 1814—19, das meiste darin war von H. W. Tydeman und seinem Freunde Jonas Daniel Meijer. — Erst nach der Reorganisation der Akademie im November 1815 trat H. W. T. als Docent in Leiden auf, nicht seiner Bestallung gemäss für den Code Napoleon, sondern für die Staatswissenschaften, er las Nationalökonomie und Statistik bis zu seiner Emeritierung im J. 1848. Er starb den 6. März 1863.

61. Die neugriechischen Lieder giebt Haxthausen in Text und deutscher Übersetzung bald heraus. Vgl. meine Freundesbr. 205.

61. Savigny reist Ende dieses Monats auf seine Güter in der Wetterau, geht nach Frankfurt und wohl bis Coblenz und Cöln. Vgl. meine Freundesbr. 28, 35 fgg.

XIV. 62. Seit wir vorigen August das Vergnügen gehabt, Ihre leibliche Bekanntschaft zu machen. H. W. Tydeman hatte im Herbste 1816 mit Prof. van Swinderen u. A. eine Reise durch Deutschland ge-macht, auf der sie sich in Cassel, Wolfenbüttel, Braunschweig und Göttingen auf-gehalten. Am 24. Juni 1816 schrieb C. J. C. Reuvens an Tydeman: 'Nunc post longiorem hanc epistulam illud superest, ut iter Tibi, item viro Celeb. van Swin-deren, caeterisque comitibus vestris felicissimum apprecer. Grimmiis autem Cassel-lanis, Beneckio, Reussio, Hugoni, Heerenio, Mitscherlichio, Dissenio, Blumenbachio, Hardingio Gottingensibus, item si forte mei meminerint, Langero et Heusingero commendes me obsecro. Et memor nostri Tydemane vivas, Teque nec laevus vetet ire picus, Nec vaga cornix.'

63. Bilderdijks Misvergnügen leuchtet aus seinem letzten Briefe an mich hervor. Dieser Brief fehlt in der Sammlung der 'Brieven van W. Bilderdijk', da dieselbe III, 196—258 nur diejenigen Briefe B.s an J. Grimm ent-

hält, die er als Sekretär des Instituts geschrieben. Schon 1816 hatte B. seine Beziehungen zum Institut gelöst, vgl. seinen Brief an G. van Lennep vom 28. November 1817, a. a. O. III, 299: 'Mag ik hier nog bijvoegen dat het reeds meer
dan een jaar is, dat ik het Lidmaatschap van het Instituut neêr gelegd heb; waarom
ik U bidde, mij die hoedanigheid niet meer op te brieven te willen toeschrijven.'
Vgl. noch den Brief B.s an J. da Costa vom 23. Okt. 1816, a. a. O. IV, 3: 'Het
Instituut heb ik opgegeven; mijn hoofd laet niet meer toe, dat ik mij daarmeé
bekommere.' — Die Antwort Jakob Grimms auf den Brief Bilderdijks siehe 88 fgg.
Bilderdijk hatte Professor der vaterländ. Literatur und Geschichte am Athenäum zu
Amsterdam werden wollen, als dies nicht glückte, verliess er 1817 tiefgekränkt seine
Vaterstadt und ging wieder nach Leiden. Vgl. über den eigenartigen Charakter des
in allen Dingen sonderlichen Mannes J. da Costa: 'De Mensch en de Dichter
Bilderdijk,' 1859, S. Gorter in De Gids 1869 und W. J. A. Jonckbloets Gesch. der
niederl. Literatur, übers. von W. Berg, II, 566 fgg.

63. Ich erschrecke, dass ich Reuvens für seine übermachten
Collectanea literaria noch nicht gedankt habe. Am 24. November
1816 bat Reuvens Tydeman um nähere Nachricht über das Schicksal der an Grimm
und Benecke geschickten Collectanea 'Unum tamen restat', sind seine Worte, 'quod e
Tuis quamvis officiosissimis litteris, non satis intellexi: num scilicet Collectanea mea
epistolaeque singulae, ad Grimmios Beneckium et alios missae, illuc pervenerint.
Promisit mihi Beneckius, se curaturum ut libellus meus in Gott. Ephemeridibus primo
quoque tempore recenseretur. Quod cum nondum factum viderim, vereor ne non
ad ipsum pervenerint exemplaria. Sane ego, ut viri doctissimi tenuem libellum re-
censeant, urgere nolo, nec amplius quidquam edam, donec meliora dare possim. Sed
vel sic mirer, si nullas a quoquam inde litteras accipiam.'

XV. 64. Einige Exemplare der Anzeige des Reinhart Fuchs
zur Verbreitung in Holland. An demselben Tage schrieb Wilhelm an Görres,
Freundesbr. I, 545 fg.: 'ich schicke Ihnen hier ein paar Ankündigungen von dem
längst versprochenen Reinhart Fuchs. Seyn Sie doch so gut, sich der Sache in dem
Kreis dortiger Bekannten anzunehmen, das Buch kommt ohne Subscription nicht
ans Licht der Welt, und da gute Quellen abgedruckt werden, so kann man ohne
sein Gewissen zu belasten jeden dazu einladen, der ein paar Thaler nicht zu achten
braucht, das Geld ist dennoch gut angewendet. — Wäre es möglich, so wünschte
ich vor Neujahr noch Namen und Zahl der Theilnehmer zu wissen.' Am 6. November hatte sich Jakob mit derselben Bitte an Eberhard von Groote gewendet.

66. Die Studenten haben auf der Wartburg ein schönes Fest
gefeyert, in Ordnung und Haltung. Am 6. November 1817 schrieb Jakob
darüber an E. von Groote: 'Was auf der Wartburg die Studenten gethan haben,
ist lebendig, frisch und ehrlich gewesen, so dass es allen guten Leuten nicht misfallen kann.' Über das Wartburgfest am 18. Oktober 1817 vgl. Rich. u. Rob. Keil,
Gesch. des jen. Studententhums, 377 fgg.

XVI. 67. Auf Bilderdijks Urtheil über meine Arbeit in einem
Fach, worin er soviel weiss, bin ich höchst begierig, sowie mir
auch seine Verhand. van de geslachten der Naamwoorden., grossen
Vorschub thun wird. 'Holland besitzt aber einen Gelehrten in Bilderdijk', sagt
Jakob Deutsche Grammatik I, (1819) LXXVI, 'von dessen tiefeingehendem Sprach-

studium bald eine neue Ausgabe der Abhandlung over de geslachten der naamwoorden laut zeugen wird.'

69. Ein Promemoria für Hrn. v. Bilderdijk wegen der Plurale auf er. Dieses Promemoria hat sich nicht erhalten, dagegen liegt bei
den Briefen Jakobs an T. ein Blatt mit folgendem Inhalt, als Anhang eines Briefes,
der verloren gegangen, aus dem Beginn des Jahres 1819.

Für die von Herrn v. Bilderdijk mitgetheilte Auskunft über
die Plurale auf -ers und -eren danke ich verbindlichst. Blos bei,
pl. beieren war mir darunter unbekannt, weil ich von dem pl.
beieren eher einen Sing. beiere (nach der Analogie unseres weibl.
beere) vermuthet hätte. Das bei muss wenig vorkommen. Eine
Ansicht dieser in allen hochdeutschen Mundarten, besonders den
alten, häufigen Endungen auf -ir, er habe ich in meiner Grammatik p. 152—154, vgl. 367, zu geben gesucht und bin bald auf das Resultat gekommen, dass sie keine eigentliche Declinations-, sondern Bildungsendungen sind. Einige Dialecte nehmen das -er
bereits im Sing. an, z. B. die östreich. Volkssprache sagt: aier
(ovum), andere: rinder (pecus). Die Erklärung, dass das er ad-
jectivisch, beweist Bilderdijks historisches Studium der Grammatik, ohne welches gewiss nichts auszurichten ist. Doch möchte
ich einiges gegen die individuelle Berührung dieser Pluralendungen mit den Adjectivendungen einwerfen. Die althochdeutschen
Adjective auf -ar (als: heitar. subar. finstar etc.) entsprechen
richtig den Substant. auf -ar (als silubar, kuphar, ackar etc.) aber
jene Pluralendungen lauten stets -ir, niemals ar (z. B. hrindir,
husir, lembir, redir etc.) erst später laufen beiderlei Endungen
ar und ir in er zusammen. Ferner, scheint mir die mehr adject.
Natur des Bildungstriebs er noch nicht so gewiss, und sein Einfluss auf Subst. wie Adj. von höchstem Alterthum, so im latein.
ager (subst.) u. liber (adj.). Dasselbe gilt, wie ich kaum zu bemerken brauche, von den Sätzen al und an, später el, en, z. B.
fugal (avis) tunkal (obscurus).

Über Ten Kate, den ich seitdem eingesehn, urtheile ich in
meiner Quelleneinleitung nicht viel günstiger, als Hr. Bilderdijk;
es ist eine geschmacklose, beinah unverdauliche Anhäufung fleissiger, aber ungründlicher Materialien; fast alles was er aus Otfried, Tatian etc. gelernt, hat nur halbe Wahrheit, den fehlerhaften Hickes schreibt er aus.

Es wäre äusserst nützlich, über die niederländ. Grammatik,
wie sie im 13. 14. Jahrh. erscheint*), gründliche Untersuchungen
anzustellen, ich habe nur einiges berühren können. Dergleichen
Preisaufgaben wären fruchtbarer, als die gewöhnlichen, nämlich
auszuführen. Für die heutige holländ. Sprache ist mir Sewel so
gut und schlecht gewesen, wie etwa jeder andere, oder die Lesung irgend eines holländ. Buchs. Auch in unserer hochdeutschen
Sprache habe ich sogar absichtlich keinen meiner Vorgänger ge-

---

*) in Maerland, Mel. Stoke u. den andern Quellen.

lesen, weil ich mir zu deutlich bewust war, dass keiner Kenntniss
von der Geschichte der Sprache gehabt hat; wie gern hätte ich
sonst historische Vorarbeiten und wie dankbar genutzt?

69. Die altd. Wälder sind vorerst mit Band 3 geschlossen.
Am 21. Nov. 1818 schrieb Jakob an Hoffmann v. F., Germ. XI, 377: 'Da die altd.
Wälder aufhören (nicht aus Mangel an Lust und Stoff, sondern weil dem Publicum
billigerweise nicht zugemuthet werden darf, blosse Studien in einem Fache zu unterstützen, wo selbst das Gründliche und Fertige kalt aufgenommen zu werden pflegt),
so habe ich keine Aussicht, bald von diesen Fragmenten Gebrauch zu machen.'

XVII. 69. Hierbei erhalten Sie meine Grammatik. Vgl. den
Brief Jakobs an Görres vom folgenden Tage, Freundesbr. 1, 577. 'Hierbei sende
ich Ihnen, werthester Freund, meine deutsche Grammatik zu, der man den Fleiss
wohl eher als andere Eigenschaften und Fähigkeiten ansehen wird. Vielleicht sehen
Sie mir zu Liebe etwas mehr darin, und finden bald heraus, worauf sich weiter
bauen lassen wird und in mancherlei Weise. Welche Menge Stoff ruht doch noch
in dem, was uns Deutschen gehört, wo man nur anzuklopfen braucht, und es thut
sich immer auf! Manche gescheidte Leute, welche über deutsche Sprache und Geschichte nachgedacht und recht gut wussten, dass das Kleine zum Grossen führt,
haben dennoch der Kleinheit wegen diese Untersuchungen verachtet und ein so nahe
vorhandenes und handgreifliches Material ungenutzt liegen lassen. Es gibt Ansichten, die längst bekannt, in ihrer Allgemeinheit etwas langweiliges haben, sobald
sie aber im Einzelnen erwiesen werden, Frucht treiben können, z. B. der Satz von
dem mäligen Abblühen der poetischen Vollkommenheiten und Formen einer Sprache,
die sich in keiner anderen so historisch durchführen lässt, wie in der deutschen.'

XVIII. 71. Ich habe davon in den Gött. Anz. 1820, No. 40 Bericht erstattet. Wieder abgedruckt Kl. Schr. IV, 125—135.

71. Der erwähnte Mahler Guglielmo Cajo ist nicht unbekannt.
Vgl. a. a. O. 134: 'Herrn Abt Mai ist aus Brescia eine offenbar in gothischen
Buchstaben und zwar 1432 verfertigte Inschrift mitgetheilt worden. Sie befindet
sich auf einem die Mutter Gottes darstellenden Gemälde und enthält, übrigens in
italienischer Sprache den Namen des sonst unbekannten Malers: Guglielmo Kaio,
Brixia MCDXXLII.'

78. Wer ist Verfasser des bekannten tweespraaks, Koornhert oder Spiegel? Gemeint ist eine sprachwissenschaftliche Schrift, welche
1584 unter dem Titel erschien: Kort begrip, leerende recht Duidts spreken, oock
waarheit van valsheit te scheyden, bestaande in vier deelen 1) tweespraack van de
Nederduitsch letterkunst u. s. w. Als Hauptverfasser derselben gilt Spieghel, der
sie dem Urteil Koornherts unterwarf. Ausserdem arbeiteten noch Gedeon Fallet und
Roemer Visscher an diesem Büchlein mit. Vgl. W. J. A. Jonckbloets Gesch. d.
niederländischen Literatur übers. v. W. Berg 1, 455 fgg.

78. Die betrübte Nachricht von dem Ableben Ihres Hrn.
Vaters. Meinard T. starb erst im Febr. 1825. Im J. 1823 feierte er ein seltenes
Familienfest, über welches sein Sohn Hendrik Willem folgendermassen berichtet:
'Een eigenlijke jubel- en triomfdag voor mijnen vader was de 8. Nov. van het jaar
1823, toen hij zelf reeds in zijn 83. levensjaar was; het was een academisch theater-
stuk waarvan de rollen tusschen hem en zijn vijf zonen kunstig verdeeld waren (No 1).
Hij zelf fungeerde als effectief Hoogleeraar in de Letterkundige faculteit (No 2). Ik

was gewon Hoogleeraar in de Juridische (No 4). Zijn oudste zoon uit zijn derde huwelijk P. H. Tydeman, had zijne studien in de Letterkunde volbragt, en zoo mede de tweede zoon (No 5) uit dat huwelijk, F. C. C. Tydeman, die in de Rechten. De aert en wijze van studie van (No 4) P. H. Tydeman was meer eenparig en solide, die van zijn jongeren broeder (No 5) vlugger maar vlugtiger, doch beiden waren rijp om elk in hunne faculteit hat Doctoraat te kunnen verwerven. Nu had een gedienstig vriend of vriendin mijner ouders het plan beraamd, dat op denzelfden dag mijn broeder P. H. zijne doctorale dissertatie openlijk zou verdedigen en tot Doctor in de Wijsbegeerte en Letteren gewijd worden door mijn vader (No 1); onmiddellijk daarna mijn broeder Constant (No 5) zijne Juridische, en tot Doctor Juris Romani et hodierni gepromoveerd worden door mij (No 2). Mijn volle broeder B. F. Tydeman (No. 3), Predikant te Dordrecht, was in zijne studien een jaar terug gezet ten gevolge van den ramp van Leiden, en daardoor verhinderd geworden eene dissertatie pro gradu in de Theologie uit te werken, doch was bekend genoeg als verdienstelijk Geleerde an Theologant om den graad van Doctor van de welwillend-heid der Theologische Faculteit te kunnen verwerven, alle wier Leden vriendelijk jegens mijn vader en jegens hem gezind waren, en niemand in den Senaat had er zich tegen geopposeerd: die promotie zou dus onmiddellijk daarna plaats hebben. Maar nu was er nog een vijfde zoon, Z. H. Tydeman (No 6), wiens geboorte in 1789 zijne en mijne moeder het leven gekost had. Deze was ongeletterd, doch hupsch en beschaafd en beminnelijk: hij was geemploijeerd op eene Plantagie in Berbice, doch was nu in het vaderland om zijn ouden vader en de overige familie te bezoeken; deze moest, om het spel volledig te maken, ook ten tooneele gevoerd worden; men liet hem dus als Student inschrijven, kleedde hem met zwarte rok en klak en degen en dresseerde hem tot de niet moeijelijke rol van Paranymph bij de defensien zijner beide jongere broeders; deze toch hadden over en weêr bij elkander de rol van eersten Paranymph vervuld, hij fungeerde er als tweede Paranymph.'

XIX. 73. Ihr Stillschweigen auf mehrere meiner Briefe. Wie es scheint, sind dieselben verloren gegangen, in der Bibl. der Maatschappij findet sich nur noch von einem Briefe aus dem J. 1822 das folgende Stück, ein Drittel des ganzen Briefes:

Verwichenen Juli, bei der Anwesenheit Ihrer Königin, gab ich deren Kammerherrn, Baron von Cattendijk, ein Exemplar der neuen Aufl. meiner Grammatik für Sie und eins für Bilderdijk mit. Sollten sie etwa nicht richtig bestellt worden seyn, so erkundigen Sie sich doch gelegentlich im Haag bei gedachtem Herrn deswegen.

Auf obige Fragen antworten Sie nach Bequemlichkeit. Die längere Unterbrechung unseres Briefwechsels hat doch Ihrer früheren freundschaftlichen Gesinnung keinen Abbruch gethan? Mein Bruder empfiehlt sich herzlich. Gruss an Hrn Thorbeke. Als dieser noch in Göttingen war, habe ich ihm die Ducaten zugestellt, die Sie vor vielen Jahren für ein Lotterielos an mich gesandt haben. Darf ich noch die Einlage nach Utrecht abgehen zu lassen bitten. Mit aller Hochachtung

Der Ihrige

Jak. Grimm.

XX. 76. Von den alten hymnen scheint das meiste unwiederbringlich verloren. Vgl. 84. Später fand sich auch die Handschrift wieder, aus der Sievers Halle, 1874 die Hymnen unter dem Titel die Murbacher neu herausgab.

77. Hoffmann, den Ihre universität neulich promoviert hat, ist jetzt bei der Breslauer bibl. angestellt. Vgl. Hoffmann v. F., Mein Leben, II, 9 fgg. Die Universität Leiden hatte ihn am 14. Juni 1823 zum Doctor ('Philosophiae Theoreticae Magister et Literarum Humaniorum Doctor') ernannt. Er hatte ihr eine Abschrift des späteren 1. Teiles seiner Horae Belgicae mit einer Zueignung geschickt. Bilderdijk sollte, Tydeman wollte die Abhandlung herausgeben, vgl. den Brief Hoffmanns an Tydeman 101 und die Anm. Hoffmann veröffentlichte sie 1830 selbst als 1. Teil der Horae Belgicae.

77. Kennen Sie einen Dr. Doodt zu Utrecht. Vgl. Jakob an Hoffmann v. F. am 24. November 1821, Germ. XI, 382; am 10. Dec. 1823 fragt Jakob, a. a. O. 386: 'Was ist aus dem Utrechter geworden (Doodt?), der einmal so eifrig hinter das altniederländ. herwollte?' J. J. Doodt, ein geborener Flensburger, war als Schriftsteller recht fleissig im Gebiete der politischen, Literar- und Kirchengeschichte Hollands; er starb als Amanuensis der Utrechter Universitätsbibliothek 1847. Vgl. Hoffmann v. F., Mein Leben, I, 260 fg.

XXI. 78. Ausserdem soll ich eine preisschrift über die altdeutschen adjectiva ins reine fertig arbeiten. Diese Arbeit, veranlasst durch ein Preisausschreiben der deutschen Gesellschaft zu Königsberg, gedieh nicht über die ersten beiden Kapitel hinaus. Gedruckt sind dieselben zum ersten Mal in Jakobs Kl. Schr. VI, 307 fg.

78. Einleitungen sind gemacht, können aber am eigensinn der faulen, neidischen Italiener scheitern. Vgl. Jakobs Brief an K. H. G. v. Meusebach, Juni 1824, bei Wendeler 12, und die Anmerkungen 317 fg.

78. Das schadet seinem scharfsinn und macht ihn paradox. In demselben Sinne äusserte Jakob sich am 28. Aug. 1824 Hoffmann v. F. gegenüber, Germ. XI, 388: 'Bilderdijks verscheidenheden habe ich nun erhalten, die gedruckten fragmente sind das beste; seine paradoxien taugen blitzwenig.' Vgl. 83 und Wilhelms Besprechung der Abhandlungen Bilderdijks 'van het Letterschrift' und über 'Dweepery' in den Gött. Anz. vom 8. Jan. 1825, 49—64, abgedr. Kl. Schr. II, 353 fgg., besonders an der letzteren Stelle 364 fg.

79. Ändert er sich nicht, so kann er schwerlich tüchtiges leisten. Am 10. Dec. 1823 schrieb Jakob an Hoffmann, Germ. XI. 385: 'Ich freue mich Ihrer anstellung, ... nun werden sich auch die früheren vielfachen pläne setzen und sich in ruhe entfalten.' In demselben Sinne am 28. Aug. 1824, a. a. O. 386: 'Was Sie nun angeht, lieber freund, freue ich mich Ihrer ruhiger werdenden, erfolge verheissenden thätigkeit. Nach und nach werden Sie einzelne pläne fahren lassen, dafür den übrigen mit desto mehr befriedigung anhängen. Seinen mann allein fordert Otfried und tüchtige arbeit... Ihr ahd. wörterbuch werden Sie schon Graff zu gefallen aufgeben, den ich für überaus tüchtig halte... Die kleineren quellen zu sammeln und gut herauszugeben ist wieder ein hübscher gedanke; zu ihrer sicheren erläuterung müssen aber erst critische ausgaben der hauptquellen recht ausrüsten. Auf Ihren Williram subscribiere ich für die bibl. und für mich.'

XXII. 80. Einen nachtrag zum 2. theil meiner grammatik, in etwas räthselhafter recensionsform. 'Zur Recension der deutschen Grammatik. Unwiderlegt herausgegeben von Jakob Grimm.' Cassel 1826. Vgl. Briefwechsel des Freihrn K. H. G. v. Meusebach mit Jac. und Wilh. Grimm, 35, 50.

80. Meine ausmerzung der grossen buchstaben. Vgl. Jakobs Brief an K. H. G. von Meusebach vom 24. Dec. 1822, bei Wendeler 6: 'Wider die kleinen Buchstaben der Substantiva haben Sie nichts eingewendet, als ein Kenner der im 16., 17. Jh. regierenden Verwirrung; in der That, wenn ich in etwas recht habe, so ist es in solcher Kleinigkeit. Die grossen Buchstaben heben die Neutralität und Gleichheit aller Wörter in dieser Republik auf, führen einen unbegründeten Adel ein und müssen einem gesunden, unverwöhnten so fatal erscheinen, als mir und Ihnen das viele Unterstreichen fatal erscheint.' Am 15. Jan. 1828 schreibt Wilhelm scherzend an v. Meusebach: 'Die grossen Buchstaben habe ich dem Jakob zu gefallen verbannt, bei dem man sich durch nichts mehr einschmeicheln kann. Er sagte neulich von einem jungen Mann, der auf der Bibliothek ein Buch erhielt: 'das ist ein recht ordentlicher und verständiger Mensch.' Warum? 'Er hat da den Empfangschein mit kleinen Buchstaben geschrieben.'

XXIII. 81. Savigny befindet sich immer noch leidend. 'Savignys Befinden ist übrigens so', schreibt K. H. G. v. Meusebach am 17. Febr. 1828 an Jakob, Wendeler 82, 'Morgens liest er seine Kollegien und mit Vergnügen. Mittags, alle zwei Tage nach dem Russischen Bade, liegt er einige Stunden auf dem Sofa und hat da meistens starke Kopfschmerzen. Nachmittags und Abends ist er freier davon, hat Abends gern Gesellschaft bei sich und geht auch in andere.'

XXIV. 82. An den unfällen, die Sie seitdem in Ihrer familie betroffen. Im Mai 1829 war der älteste Sohn T.s, Meinard Willem, im Jahr 1825 seine älteste Tochter, die Frau von Dr. J. T. Bodel Nyenhuis, gestorben.

82. Vorigen winter suchte Gott meinen lieben bruder Wilhelm mit einer schweren krankheit heim. Vgl. meine Freundesbr. 132 und Anm. 233.

82. Zu Cassel lebte ich viel stiller, eingezogener und in glücklicherer musse. Dieselben Klagen finden sich in einem Briefe vom 26. Nov. 1831 an K. H. G. v. Meusebach, bei Wendeler, 142: 'auf der brücke zu Göttingen, so ging mein leiden an. Ich kam aus dem schöneren, frischeren und lebendigeren Süddeutschland, da wollt es mir hier noch weniger gefallen und all meine sehnsucht, von hier wieder abzuziehen, ist mit neuer stärke erwacht. Ich bin nun fast 2 jahre hier und habe genug erfahren, wies mir thut. Das stille Casseler leben und arbeiten hat grösstentheils aufgehört, und die neue stellung bringt sehr wenig 'ersatz dafür. Auf der bibliothek täglich im sommer 6, im winter 5 oder mindestens 4 stunden, und nicht hinter einander, sondern in 2 sätzen, hängt sich wie eine bleilast an mich. Während dieser zeit beständige, langweilige und unendliche beschäftigung, ohne einen funken innerer freude daran. Jede woche acht öffentliche stunden, in hitze und in kälte angreifend... Dabei soll man nun auch collegia lesen. Ich hoffte diesen winter sollte die angeschlagene grammatik nicht

zu stand kommen, und hatte gar keine vorbereitung getroffen, allein es haben sich
24 zuhörer gemeldet. Diese vorlesung macht mir nun keine freude, aber viel mühe;
ich muss mich besinnen, was den studenten aus meinem kram taugt, und es für sie
ordnen und einrichten. Ich lerne nichts dadurch. Das auftreten zu bestimmter
stunde auf dem catheder hat etwas theatralisches und ist mir zuwider.' Über das
Leben in Cassel vgl. Germ. XI, 499.

82. Ihre abhandlung über das universitätswesen. Als im Jahre
1828 die Regierung in den Niederlanden eine Reorganisation des akademischen
Unterrichts vorbereitete, wurden von allen Universitäten Gutachten eingefordert. H.
W. Tydeman veröffentlichte das von ihm ausgearbeitete unter dem Titel: 'Con-
sideratien over de punten van overweging betrekkelijk het Academisch Onderwijs.'
Leiden, 1828.

83. Ich habe das buch in unsern anz. nr. 16 beurtheilt. Abgedr. Kl. Schr. V, 111 fgg.

83. Clignett bei weitem nicht. Jakob Arnoud Clignett, gestorben 1828,
liess 1804 den deutsch-lat. Teil von Gerhards van der Schueren Teuthonista mit
einer langen Vorrede, die von ziemlicher Sprachkenntnis zeugte, neu abdrucken und
gab 1819 den Esopet heraus, auf Grund sorgfältiger Vorarbeiten.

XXV. 85. Meine ansicht von dem belgischen unwesen steht
schon in nr. 16 unserer anzeigen ausgesprochen. Vgl. Kl. Schr. V,
111 fg.: 'Während in diesem augenblick die Belgier den Holländern grell gegenüber stehen und jede verschmelzende gemeinschaft mit ihnen von sich abweisen;
lehrt uns die literaturgeschichte, dass die alte niederländische, von den Holländern
allein noch treu bewahrte sprache vor zeiten ihren hauptsitz gerade in Flandern und
Brabant hatte und dass die ansehnlichsten in ihr niedergeschriebenen werke mehr
von brabäntischen und flandrischen dichtern herrühren als von holländischen. In
dem nördlichen theile der Niederlande hat also der protestantismus und die mit
durch ihn früher errungene politische freiheit, wie überall, heilsam auf erhaltung und
ausbildung der muttersprache eingeflossen. die catholischen, erst spanischen, hernach
oesterreichischen Niederlande sind uns ein warnendes beispiel, wie die herabwürdigung
der angestammten sprache den vaterländischen sinn überhaupt schwäche. jedes volk
das die sprache seiner vorfahren aufgibt ist entartet und ohne festen halt. die
heutige umwälzung in den Niederlanden darf lediglich dem seit lange befestigten
einflusse französischer sitte und den umtrieben der priester, keineswegs einer echt
vaterländischen bewegung zugeschrieben werden. von Antwerpen aus bis nach Brüssel
und Gent redet der gemeine mann noch niederländisch; durch die engere verbindung
mit Holland hätte auf diese grundlage hin die fast erloschene nationalität der Belgier
langsam wieder angefacht werden mögen, aber der gewaltige strom der zeit droht
jetzt alles davon noch übrige mit sich fortzureissen.'

XXVI. 86. Das Gedicht des Willem die Madoc. Vgl. Jakobs
Brief an Hoffmann v. F. vom 24. März 1833, Germ. XI, 503 fg.

86. Hoekstra wollte sie besorgen, starb aber darüber. Ist
seitdem das Werk von einem andern übernommen worden und
vielleicht schon gedruckt? Jakob klagt in dem Widmungsschreiben seines
Reinhart Fuchs, vom 19. Dec. 1833: 'Ausser dem Renart contrefet, ist mir nichts

unzugänglich gewesen, als die handschrift des Reinaert, welche früher von Hoekstra zur herausgabe vorbereitet in den archiven des kgl. instituts zu Amsterdam niedergelegt sein soll. Hätte hrn. prof. Tydemans zu Leiden freundschaftliche güte, dem ich längst die abschrift des nunmehr erscheinenden van Wijnschen fragments verdanke, seitdem nicht nachgelassen; so würde jetzt das publikum den abdruck oder die genaue vergleichung der amsterdamer hs. vor sich haben. Ein empfindlicher mangel.' Vgl. noch die Briefe Jakob Grimms an Hoffmann v. F. vom 2. Sept. 1832, vom 24. März und vom 11. December 1833, Germ. XI, 502 fgg. Erst 1836 erschien zu Gent Reinaert de Vos, herausgegeben von J. F. Willems, vgl. Jakob an J. von Lassberg am 19. Okt. 1836, Germ. XIII, 378: 'Auch in Belgien regt es sich, besonders zu Gent. Ausser der chronik von Heelu ist nun der vollständige Reinart Vos erschienen. Sobald mein buch vergriffen ist, kann ich eine sehr vermehrte ausgabe liefern.'

87. Nach beendigung dieses buchs will ich eine deutsche mythologie schreiben und dann den 4. theil der grammatik. Jakob Grimm fand damals nur wenig Zeit für seine wissenschaftlichen Arbeiten. Am 23. Okt. 1832 schrieb er an A. W. v. Schlegel, vgl. Heimsoethii narratio de epistolarum ad Frid. Aug. a Schlegel datarum thesauro, Bonnae 1868, XIV.: 'Die gegebenen nachrichten von dem fortgang Ihrer grossen arbeiten haben mich höchst erfreut, über die meinigen weiss ich weniger zu berichten. Statt der mir gütig eingeräumten 48 stunden bleiben nach abzug der dienstgeschäfte und anderer störungen täglich kaum 2 oder 3, die ich meinen studien widmen darf, so dass sie nur langsam vorrücken. Gegenwärtig schreibe ich an einem buche über unsere deutsche thierfabel, wozu mich Mones verfehlter commentar zu dem Isengrimus und Reinardus angeregt hatte.' — In betreff der vielseitigen literarischen Thätigkeit H. W. Tydemans verweise ich auf den öfters erwähnten levensberigt van Hendrik Willem Tydeman door J. W. Tydeman, 420 fgg.

II.

88. repondre. Die Accentfehler des Originals sind im Abdrucke nicht berichtigt.

90. Votre premier sejour. Zu Braunschweig von der Mitte des Jahres 1797—1805. Er fühlte sich damals in Deutschland sehr unglücklich. Vgl. W. J. A. Jonckbloets Gesch. der niederl. Lit., übers. von W. Berg, II, 573 fg.

90. Mr. Siegenbeek. Seine Rechtschreibung war von der Regierung anerkannt und empfohlen worden. Vgl. über ihn Hoffmann v. F., Mein Leben, I, 285 fg.

91. Hoffmann qui se loue beaucoup de votre bonté. Vgl. 100 fg. und die Anmerkungen dazu.

92. Ich habe darin einige nicht unmerkwürdige Erzählungen aus einer Gothaischen Handschrift herausgegeben. Vgl. Altd. Wälder II, 49 fgg. 'Von einem fahrenden Schüler,' 70 fgg. 'Von eim heiligen munch,' 84 fgg. 'Von den berten.'

92. Weitere Bemerkungen zu unserm Hildebrandslied von meinem Bruder. Altd. Wälder, II, 97 fgg.

92. Woselbst auch einer trefflichen Bemerkung des Hrn. Hoekstra gedacht wird. a. a. O. 100. 'Auf die richtige Spur (der Erklärung von 'unter heriuntuem') führte mich eine durch meinen gütigen Freund Hrn. Professor Tydeman in Leiden mitgetheilte Bemerkung des Hrn. Hoekstra aus Harlem, von dem sich das Publicum einer gelehrten Ausgabe des friesischen Gysb. Japix bald zu erfreuen haben wird.'

92. Von dem mir D. Bunsen vieles erzählt. Vgl. den Brief Wilhelms an Jakob vom 30. Jan. 1815, Jugendbr. 423: 'Er hat mir viel von Holland, wo er fünf Monate war, erzählt. Bilderdijk hat ungemeine Gelehrsamkeit, aber einen ängstlichen, sehr unglücklichen und äusserst zweideutigen Charakter, so dass Bunsen mit einem traurigen Eindruck ihn verlassen. Bilderdijk ist eben in einer dürftigen Lage, fast in Armuth, da er aus Seltsamkeit seiner Stelle entsagt und man ihn nicht leicht wohin bringt, weil er überall um sich beisst. Sehr freundschaftlich und herzlich schildert er dagegen den Tydeman und Hoekstra; letzterer arbeite mit ungemeinem Fleiss in der altdeutschen und holländischen Literatur.'

92. Eine zweite hat sich zu Colocza gefunden. Vgl. Jugendbr. 252, 295, 365.

93. Die beste Rec. von Hagens Nibelungen. Vgl. Jugendbr. 318.

93. Zu Wien hat mein Bruder den zweiten Hohenemser Codex benutzt; es ergibt sich daraus eine grosse Anzahl neuer Strophen. Vgl. Jugendbr. 366, 373, 388 fg. An der letzten Stelle in dem Briefe vom 23. Nov. 1814 schreibt Jakob an Wilhelm: 'Den Codex habe ich endlich auf drei Tage geliehen erhalten... Es geht mir durch 'diesen Fund die Nothwendigkeit, drei bis vier Nibelungentexte (nämlich den S. Gallener, die beiden Hohenemser und allenfalls auch den Münchener) besonders und rein für sich abdrucken zu lassen, immer deutlicher vor. Das Zuschmelzen der Varianten ist unthunlich. Du wirst erstaunen und hören, dass in dieser Hälfte des Ganzen 48 neue Strophen zu vier Zeilen waren, worunter sehr wichtige.' Diese neuen Strophen schickte Jakob am 6. März 1815 an Wilhelm, sie sind abgedruckt Altd. Wälder III, 1—13 unter dem Titel: 'Acht und vierzig neue Lieder aus den Nibelungen nach der Hohenemser Handschrift B nebst unterschiedlichen wichtigeren Lesarten.'

94. Büschings Volksmärchen. Vgl. die Besprechung derselben von Jakob Grimm, Leipziger Lit. Zeitung, 1813, I, 210—13, abgedr. Kl. Schr. VI, 130—133.

94. Die Sammlung für altd. Lit. und Kunst von Hagen, Docen etc. Wilhelm meint nicht das Mus. f. Altd. Lit. und Kunst von v. d. Hagen, Docen und Büsching, I, Berlin 1809—10, sondern die 'Sammlung für Altd. Lit. und Kunst von v. d. Hagen und Büsching I, Breslau 1812.

94. Ihr Vorhaben zu einer Zeitschrift mit Hoekstra. Dieses Vorhaben wurde nicht ausgeführt, ebensowenig das geplante Zusammenwirken Hoekstras und der Brüder Grimm bei Herausgabe des Reinhart Fuchs. Am 13. Febr. 1815 schrieb Wilhelm an Jakob, Jugendbr. 431: 'Ich schicke Hoekstras Brief wegen des wichtigen Anerbietens, das er macht und welches zu überlegen ist. Einmal wird es der Sache gewiss nützen, wenn er das Holländische mit herausgiebt, hernach aber wird der holländische Überfluss seiner Anmerkungen auch drücken. Übrigens hat mir ihn Bunsen als einen sehr braven, stillen und fleissigen Mann geschildert, und daher bin ich geneigt, ihm dennoch bejahend zu antworten, man müsste nur auf deutsche Sprache in den Anmerkungen halten... Auch Zeit muss man sich aushalten, doch habe ich ausdrücklich schon dem Tydeman geschrieben, dass wir erst in einem Jahr oder später an diese Arbeit gehen könnten.' Dieser Brief Wilhelms an Tydeman ist nicht erhalten. Am 6. März 1815 antwortete Jakob seinem Bruder, Jugendbr. 436: 'Wenn Dir des Hoekstra Antrag gefällt, so nimm ihn an auf die Weise, wie Du geschrieben hast. Der Vortheil, den ich allenfalls davon sehe, ist freundschaftliche Verbindung mit ihm, die auch zu anderm führen kann, und Aussicht, dass er zur Ausgabe des Reineke einen Theil der Kosten übernimmt, vielleicht könnte das Ganze in Holland gedruckt werden und wird sich wenigstens besser verbreiten.' Hoekstra starb vor der Zeit, er hinterliess nur eine 'Vorrede van den oorsprong der Fabelen in het algemeen, en van dien van Reinaard den Vos in het bijzonder,' welche die Maatschappij der nederl. Letterkunde zu Leiden bewahrt, vgl. den Katalog ihrer Bibl. I, Leiden 1877, 6.

94. Wage ich es, Ihre Gefälligkeit in Anspruch zu nehmen. Hoffmann schreibt über ihn in seiner Selbstbiographie, I, 276 fg.: 'H. W. Tydeman .. war rasch und lebendig in seinem Sprechen und seinen Geberden, leicht beseelt für jedes Gute und immer zum Handeln bereit. Er war ein Chamäleon in seiner Thätigkeit, vielseitig wie selten einer. Deshalb der Allerweltsmann, das offene Herz und Haus für alle Fremden, die in Holland was sehen, hören und lernen wollten, oder irgend

was zu suchen hatten. So nahm er sich (1821) auch meiner an und vermittelte mir
die Bekanntschaft mit den dortigen Gelehrten und die Benutzung aller litterarischen
Sammlungen. Er schrieb mir zum Andenken die Worte Lodewijcs van Velthem:

> Mijn dienst sal u sijn gereet
> Van alre dinc die ic weet
> Die gi begeerende sijt an mi.
> Nu blijft gesont, Here vri l
> God ouse Here, di wese u bi
> Ende mi mede so waer ic si.

Und so konnte auch er mit Recht von sich sagen: er hatte seine Theilnahme gegen
mich immer und überall auf die freundlichste Weise bethätigt.'

95. Eine hochdeutsche Übertragung einiger derselben werde
ich jetzt drucken lassen. Sie erschien in seinen 'Liedern und Romanzen.' Köln.
1821. Die Originale erst 1833 als 2. Teil der Horae Belgicae, in 2. Ausgabe 1856.

95. Um Theilnahme daran .. in Holland zu erregen. Im J. 1821.
brachte der Algem. Konst- en Letterbode in No. 32 von Hoffmann: 'Aanzoek om
mededeeling van oude nederlandsche volksliederen.'

95. Mein Freund Jakob Grimm sandte mir schon früher aus
seinem Vorrath, was sich für meinen Zweck eignete. Am 21. Nov.
1818 mit dem Bemerken: 'Ihre Neigung zu der holländischen und flamändischen
Volksdichtung kann, wenn Sie den Vorsatz ausführen, an Ort und Stelle zu gehen,
viel Gutes ertragen. Seyn Sie doch auch mir zu Gefallen auf mündliche Localsagen
aufmerksam. Ich leihe Ihnen sehr gern beifolgende Volksliederbücher aus meiner
Sammlung zu vorläufiger Übersicht. Ungedrucktes lebendiges muss es aber gewiss
viel mehr noch geben. — Ich füge noch eine handschriftl. Notiz über holländ.
Liederbücher hinzu.' Germ. XI, 377.

96. Selbst in Dänemark ist vor längerer Zeit eine Samml.
Sagen und Märchen erschienen nach Art der Grimmschen. Pröver
af danske folkesagn, samlede af J. M. Thiele. Kjöbenhavn 1817. Vgl. die Besprechung derselben durch Jakob Grimm in der Wünschelruthe, 1818, 200 fg., abgedr. Kl. Schr. VI. 292—294.

97. Keine Minnelieder ausser denen, so man in der manessischen Sammlung findet. Am 15. Mai 1824 schrieb Hoffmann an Tydeman:
'Fragen Sie doch, ob Bilderdijk für die Fortsetzung seiner Verscheidenheden gerne
aufnimmt eine Abhandlung von Jan van Brabant? Diesen Winter konnte ich dem
Reize nicht widerstehen, einen Versuch zu machen, in ihrer ursprünglichen Gestalt
die Gedichte dieses berühmten Minnesingers herzustellen. Hier das zweite zur Probe,
womit Sie die Manessische Sammlung vergleichen mögen:

> Eens meien morghen vroe
> Wassic upgestaen,
> In een scoen bogaerkyn
> Soudic spelen gaen.
> Doe vantic drie joncfrowen staen,
> Deen sanc voer, die ander na:
> Harba lorifa harba harba lorifa harba lorifa.
>
> Doec versach dat scone cruet
> In den bogaerkyn

En verhoerde tsoete gheluet
Van den maechten fyn,
(Ende) doe verblide therte mijn,
Dattic singhen moeste na: Harba etc.

Doe groetic dalder scoenst,
Die daer onder stont
Ic liet mijn aerm omgaen
Doe ter selver stont.
Ic wou si cussen aen haern mont,
Si sprac: laet sta, laet sta, laet sta!
Harba lorifa etc.

Anscheinend leicht, — aber die Beobachtung eines so künstlichen Rhythmus hat bei Wiederherstellung dieses und der übrigen Gedichte viele Schwierigkeiten. Santander und Willems haben daran, wie an Verdorbenheit des Textes in der Maness. Handschrift gar nicht gedacht, und letzterer zieht, wenn ich mich recht erinnere, den Schluss daraus, dass im 13. Jahrh. die brabanter Sprache der hochdeutschen ziemlich verwandt gewesen wäre, da doch nur daraus folgt, dass der Sammler (Ruedger Manesse) den brabantschen Text verhochdeutscht hat.' 1858 gab Hoffmann in Pfeiffers Germania III, 154 fgg. seine Umsetzung der Lieder Jan I. von Brabant ins Niederländische heraus.

97. Ein Bruchstück eines Altniederdeutschen Gedichtes, worin die Thaten Rolands erzählt werden. Hoffmann v. F. hatte dasselbe Bruchstück, als zu dem Roman von Roland gehörig, Jakob Grimm mitgeteilt; dieser belehrte ihn aber am 10. Aug. 1820, Germ. XI, 379 fg., dass es aus dem Roman von Reinalt von Montalban oder den Heimonskindern sei. Dem entsprechend gab Bilderdijk es 1824 in seinen 'Nieuwe Verscheidenheden' I, unter den Fragmenten des romans 'van den ridder, naderhand heiligen, Reynolt,' 120 fgg. Bei Hoffmann, Horae belgicae V, steht es als drittes Renoutfragment.

98. Ich setze Ihnen hier einige Verse her. Es folgen die Horae belgicae V, 1174—1237 abgedruckten Verse.

100. Ich kann nur sehr zufrieden mit ihm sein. Vgl. Mein Leben, I, 277 fgg., 284: 'Ich besuchte Bilderdijk oft,' heisst es an der 1. Stelle, 'und konnte ihn besuchen, wann ich wollte. Er hat mich jederzeit freundlich aufgenommen, und selbst bei körperlichen Leiden, bei sichtlicher Gemüthsverstimmung mir zu erkennen gegeben, dass ich auch dann ihm willkommen war. . . . Meine Mittheilungen erfreuten ihn und regten ihn an, sich von neuem eifriger mit der alten niederländischen Sprache und Dichtung zu beschäftigen. Er unterstützte mich mit Rath und That, erfüllte bereitwilligst meine Wünsche und förderte meine Zwecke wie und wo er konnte.'

101. Wie sehr ich wünschte, dass er meine Abhandlung (ich hätte bestimmter sagen sollen: altholl. Sprachdenkmale) herausgäbe. Am 7. Febr. 1823 hatte Hoffmann dieselbe an H. W. Tydeman geschickt, mit einem Briefe, aus dem ich das folgende hier mitteile: 'Ew. Wohlgeboren bin ich so frei, den ersten Band meiner altholländischen Sprachdenkmale zu übersenden, und bitte Sie ergebenst, selbigen den hochverehrten Mitgliedern der philosophischen Fakultät zu überreichen. Mein Zweck war 1. dem Studium der altholländischen Litteratur in Deutschland und Holland förderlich zu sein, und 2. mit diesem Werke meine Dankbarkeit gegen Holland an den Tag zu legen. Sollte ich jenes erste nicht erreicht haben, so wird mir das zweite gelungen sein. Es ist so süss, eines jeden genossenen Gutes sich dankbar zu erinnern, aber noch süsser, der Welt zu erkennen zu geben, dass man sich dankbar erinnert, und wenigstens mit der Gesinnung vergilt, wenn der Himmel nicht zulässt, solches mit der That zu vermögen. Was ich bis jetzt that, nenne ich mehr eine gute Gesinnung. Einen bessern Namen dürfte ich dafür wählen, hätte mein Werk Jahre lang auf die Vollendung warten können, welche nur durch eine äussere bessere Stellung und die wünschenswerthe Gelegenheit zu finden und zu entdecken herbeigeführt wird.' Gern hätte Hoffmann gesehen, dass seine Arbeit in Holland erschienen. Am 4. Sept. 1825 schrieb er an Tydeman: 'Könnten Sie doch Bilderdijk veranlassen, meine grössere Abhandlung herauszugeben! Versteht sich, nur dann veranlassen, wenn er alle Lust daran verloren hat! Ich möchte so gern in Deutschland Lärm schlagen, aber womit? Ich kann auf keine Übersicht hinweisen, wie ich sie gegeben habe, und sie auch niemand geben kann, wenn er mich nicht ganz ausschreibt. Ich wette, dass ich über Jahr und Tag noch bedeutende Dinge entdecke! Wohin damit, wenn nicht etwas existiert, woran es sich anreihen lässt? Ich habe übrigens meine guten Gründe, diese Abhandlung holländisch und in Holland gedruckt zu wünschen. Man soll die ganze Arbeit als ein rein holl. Product betrachten, damit Liebe und Freude dadurch für die Vergangenheit und den Schlüssel dazu, das Studium ihrer Schriftdenkmale gewonnen werden, und nie eine reine Sache mit Persönlichkeiten beflecken und verderben. Es gränzt an Unsinn, mir bei meinen Studien eine Absicht unterzuschieben, welche ich nicht schreiben möchte, wenn sie nicht gar schon gedruckt wäre, eine Absicht, die so unsinnig ist, wie der Verdacht, welcher sie erzeugt hat: ich soll nur nach Holland gekommen sein, um holländische Gelehrsamkeit in ihrer Blösse kennen zu lernen und diese anderswo zum Besten zu geben!'

103. Das berliner Liederbüchlein. 'Die Schöneberger Nachtigall Das ist: lauter schöne neue Lieder für die lieben Landleute alt und jung, die lustigen Handwerksburschen, für die braven Soldaten und Herren Studenten gleichermassen.' Berl. (1822). Vgl. Mein Leben, I, 327.

103. Herr von Winterfeld. Vgl. über den Verkehr Hoffmanns mit demselben Mein Leben II, 18 fg.

104. Ihr Brief und Gerhards Brief ausserordentlich viele Freude. Hoffmann war im J. 1821 zu Leiden im Salomonschen Hause aufs liebenswürdigste aufgenommen worden, vgl. Mein Leben, I, 262 fgg., 272 fgg., II, 340, V, 250. Über Gerhard Salomon vgl. I, 274 fg.

105. Ihre neuliche Anfrage. Hoffmann v. F. hat diesen Brief nach dem Koncepte in seiner Selbstbiographie V, 167 fg. abgedruckt.

105. Meine Rehabilitation mit einem mässigen Wartegeld. Am 20. Okt. 1848 erhielt er ein Schreiben des Kultusministers, wonach ihm ein Wartegeld von 375 Thlr. zugesichert wurde. Vgl. Mein Leben, V, 44.

106. Als Mitglied des Kgl. Instituts zu Amsterdam in Gnaden entlassen. Am 26. Okt. 1851 hörte das Kgl. Institut auf, nur die 1. Klasse bestand als Kgl. Akademie der Wissenschaften fort. Hoffmann hatte zur 2. Klasse gehört, seit 11. Aug. 1825 als korrespondierendes, seit 6. Nov. 1834 als wirkliches Mitglied. Seine Würde war also erloschen. Am 9. April 1866 wurde er zum auswärtigen Mitglied der Kgl. Akademie ernannt.

108. Fundgruben III. Theil. Derselbe ist bekanntlich nie erschienen.

108. Pars I. und II. meiner Horae belgicae will ich gänzlich umarbeiten. Der 1. Teil erschien 1857 unter dem Nebentitel: 'Übersicht der mittelniederländischen Dichtung,' der 2. 1856: 'Niederländische Volkslieder,' beide in Hannover.

108. Künftiges Frühjahr will ich eine Reise nach Holland und Belgien unternehmen. Vgl. Mein Leben, V, 248 fgg.

108. Die Pars IX. widme ich de Vries. de Vries dankte herzlich dafür, er schrieb u. A.: 'Ik verheug mij innig, mijn naam met den Uwen verbonden, en onder het schild van Uwen room, de wijde wereld te zien ingaan; en te meer, om dat het een blijvend getuigenis zijn zal van Uwe vriendschap jegens mij, die ik op den hoogsten prijs stel.' Vgl. Mein Leben, V, 229.

110. Essai sur l'infl. de la réformation de Luther. Dieser 'Essai sur l'esprit et l'influence de la réf. de L.' erschien zuerst 1803, veranlasst durch eine Preisaufgabe des Institut de France. de Villers erhielt den Preis und wurde korrespondierendes Mitglied des Instituts. Sein Buch erlebte in kurzer Zeit vier verschiedene Auflagen, ausserdem erschienen drei verschiedene deutsche, zwei englische und eine holländische Übersetzung desselben.

111. Quant à l'ouvrage que je fais sur les Universités allemandes. Dieses Werk erschien zu Cassel 1808, dem König Jerôme gewidmet, unter dem Titel: 'Coup d'oeil sur les universités et le mode d'instruction publique de l'Allemagne protestante;' es rettete die Universität Göttingen vor dem Untergange. Zum Danke ernannte die götting. Ges. der Wissenschaften de Villers zu ihrem wirklichen Mitgliede.

112. Fruit, non des malheurs du tems présent. Isler irrt also, wenn er Auswahl XVI behauptet, dass das kaufmännische Geschäft des Hrn. von Rodde in Folge des Druckes, der auf dem norddeutschen Handel gelastet, seine Zahlungen eingestellt habe.

113. Ma faible esquisse de l'activité littéraire et scientifique de l'Allemagne. Der Titel dieser Schrift lautet: 'Coup d'oeil sur l'état actuel de la littérature ancienne et l'histoire de l'Allemagne, rapport fait à la troisième classe de l'Institut de France. Amsterdam & Paris 1809.'

117. 'De la liberté.' Diese Schrift, Metz 1791, machte grosses Aufsehen, wurde in einem Jahre dreimal aufgelegt, nötigte de Villers aber 1792 Frankreich zu verlassen und jenseits des Rheins Schutz zu suchen. Vgl. Isler, Auswahl X fg.

118. Ma singulière destinée. Als Hannover wieder unter englische Herschaft gekommen, wurde de Villers, der Retter Göttingens, nicht bestätigt, seine Professur aufgehoben und sein Gehalt, 3000 Francs, ihm als Pension gelassen mit dem Bemerken, er möge das Land verlassen, in Frankreich könne er besser für seine Pläne wirken. Graf Münster erwirkte ihm nur mit Mühe, dass seine Pension auf 4000 erhöht und ihm gestattet wurde, über seinen künftigen Wohnsitz frei zu verfügen. Seine Professur wurde nicht hergestellt. Vgl. Isler, Auswahl, XVII fgg.

Inhalt.

I.